钱穆

中国学术思想史论丛

6

三联书店

图书在版编目（CIP）数据

中国学术思想史论丛 . 6 ／钱穆著 . —2 版 . —北京：
生活·读书·新知三联书店，2019.8
（钱穆作品系列）
ISBN 978 – 7 – 108 – 06609 – 1

Ⅰ . ①中…　Ⅱ . ①钱…　Ⅲ . ①学术思想－思想史－中国－文集
Ⅳ . ① B2-53

中国版本图书馆 CIP 数据核字（2019）第 091380 号

责任编辑　冯金红
装帧设计　蔡立国
责任印制　宋　家
出版发行　生活·讀書·新知 三联书店
　　　　　（北京市东城区美术馆东街 22 号 100010）
网　　址　www.sdxjpc.com
图　　字　01-2017-8543
经　　销　新华书店
印　　刷　北京新华印刷有限公司
版　　次　2009 年 12 月北京第 1 版
　　　　　2019 年 8 月北京第 2 版
　　　　　2019 年 8 月北京第 3 次印刷
开　　本　880 毫米 × 1230 毫米　1/32　印张 8.5
字　　数　169 千字
印　　数　07,001 – 13,000 册
定　　价　38.00 元
（印装查询：01064002715；邮购查询：01084010542）

目　录

序

　　自余成《朱子新学案》，即有意续撰《研朱余沈》，即《朱学流衍考》，起自元初黄东发，迄于清末，历元明清三代，共得几二十人。后又决意汇此论丛，遂并《研朱余沈》纳入，不另成书，以便观省。此册共收黄东发、王深宁、吴草庐三家，可见元初学术思想之大概。又一九五二年在台北伤脑部，养病于台中市，读杂部明人笔记，乃知明初诸人，皆不忘元廷，无意出仕。越数年，在香港成《读明初开国诸臣集》。及迁居台北，又续成《读杨维桢〈东维子集〉》以下各篇，可见元末学术思想之大概。有元一代，大率尽此。又加旧作《金元统治下之新道教》一篇及来台后所讲《理学与艺术》一篇，共成此册。最近病目，不能识字，此册付印，则不复再自亲校，因亦无所改定。

　　　　　　　一九七八年七月钱穆自识于外双溪之

　　　　　　　素书楼，时年八十有四。

黄东发学述

少时读顾亭林《日知录》，即知黄震东发其人而好之。及读全谢山《宋元学案》称引黄氏语益多，益增想慕。然其书《日钞》颇难得。中岁游北平，始获一部，方别有撰述，未暇细加籀诵。年来草为《朱子新学案》，称引黄氏语亦仅据谢山。及《学案》成书，始抽暇通体玩诵《日钞》，复稍摭其一二条增入《学案》。窃谓后儒治朱学，能深得朱子奥旨者，殆莫逾于黄氏。爰草斯篇，以见梗概，并以补谢山所未及。

谓黄氏深得朱学奥旨者，在其学博而能醇。《日钞》分类百卷，今行者九十七卷。经类三十一卷。诸儒书两宋二十家共十三卷。诸子类自《家语》孔氏书以下凡五十一家五卷。史类自《史记》下迄两宋，正杂史凡十五种九卷。文集韩柳欧苏曾王涪翁浮溪石湖水心共十家十卷。合共六十八卷。可见其生平读书治学之广大。其外二十九卷则为其文集。

东发以一理学大儒，观其《日钞》，经史子集罔不搜罗，可谓繁夥矣，然独无语录，此为理学家一异。其研精文史，用力之勤，可谓理学家中之又一异。盖东发之学，专崇朱子，其学博，即承朱子之教而来。然于朱子成说亦时有纠正，不娓娓妹妹务墨守，此则尤值重视。朱子论学极尊二程，亦时于二程有纠正。东发之能纠正朱子，乃正见其善学也。

《日钞》引黄勉斋书，朱先生一部《论语》，直解到死。东发亦自言，终身读《论语》，古今一晦庵。《日钞·读论语》只一卷，着墨无多，而曰余则尽在《集注》矣。此其崇奉朱子《集注》之意可见。然此一卷中，即多纠正语。如有子孝弟章，《日钞》曰：

> 《论语》首章言学，次章即言孝弟，圣门之教人，莫切于孝弟矣。此章象山斥其为支离。程子言，为仁以孝弟为本，论性则以仁为孝弟之本。性中只有仁义礼智，曷尝有孝弟来。其说性尤精。实则孟子之道天性，而其说微觉求多于本文之外。晦庵或问中云：孝弟则固仁之发而最亲者，此语为婉而切，似当收置《集注》，使学者知孝即仁之事，而仁即性之有可也。

又曰：

> 孔子说仁，又多与智对说。至孟子方说仁义礼智四者。程子谓曷尝有孝弟，盖以孟子之说释有子之说尔。有子时，未有四者之说，亦未专主于说性。孝为仁之本，理脉固自浑融。且孟子虽分仁义礼智为四端，他日又尝说仁之实事亲是也。圣贤立论，惟理是务，亦未尝拘一端。其言仁义，亦未尝

不根于孝弟。故孔子尝曰:夫言岂一端而已,夫各有所当也。

程氏言性中那有孝弟来,朱子亦谓其是一险语,然朱子注此章,实未能摆脱程氏语之缠缚。东发引朱子他处语,惜其未收置《集注》中,实是本朱语纠程氏。而谓程氏乃以孟子说释有子,又别引孟子说以见程说之无当。辨析精确,是诚深有得于朱子之读书法者。厥后至于晚明,程氏性中曷尝有孝弟来一语,备受诟病。惜乎朱子未能矫正在前,而东发则固已纠之矣。至其不取象山说,则可无待深论。

又曾子三省章,《日钞》曰:

> 《集注》首载尹氏曰:曾子守约,故动必求诸身,语意已足。次载谢氏曰:诸子之学皆出于圣人,其后愈远而愈失其真。独曾子之学,专用心于内,惜其嘉言善行不尽传。窃意孔门未有专用心于内之说也。用心于内,近世禅学之说耳。后有象山,因谓曾子之学是里面出来,其学不传。诸子是外面入去,今传于世,皆外入之学,非孔子之真。遂于《论语》之外,自称得不传之学,凡皆源于谢氏之说。使晦庵《集注》于今日,谢氏之说不知亦收载否。

东发谓孔门无专用心于内之学,其说亦本朱子。朱子又谓自谢上蔡一转而为张无垢,再转而为陆象山。然《集注》此章,终自并收尹谢两家之说,东发加以纠弹,可谓的切之至。

又子路曾皙冉有公西华侍坐章,《日钞》曰:

夫子以行道救世为心，后世谈虚好高之习胜，单撷与点数语而张皇之，遗落世事，指为道妙。甚至谢上蔡，以曾晳想像之言为实有暮春浴沂之事，云三子为曾晳独对春风冷眼看破。但欲推之使高，而不知陷于谈禅，是盖学于程子而失之者也。程子曰：孔子与点，盖与圣人之志同，便是尧舜气象。此语微过于形容，上蔡因之而遂失也。

又曰：

老安少怀之志，天覆地载之心也，适人之适者也。浴沂咏归之乐，吟风弄月之趣也，自适其适者也。曾晳固未得与尧舜比，岂得与夫子比。而形容之过如此，不合于其分量而审之矣。

《论语》与点一叹，程子识其与圣人之志同，便是尧舜气象。《集注》为程氏此番话束缚，虽前后屡变其说，而终未能痛快抉破程氏之樊笼。后惟东发为能指出《论语》此章本旨，而咎程氏形容之过。然循此以下，直迄晚明，与点一叹，终自为理学家所乐道，而又张皇之不已。明道曾点尧舜气象之意，乃与宋明理学相终始，是诚大可诧惜也。

又性相近章，《日钞》曰：

性者，人得之于天以生者也。其性之所自来，固无有不善。而既属于人，则不能以尽同。故夫子一言以蔽之曰性相近也。至孟子，当人欲横流之时，特推其所本然者以晓当世，故专以性善为说。由今观之，谓性为相近，则验之身，稽之人，参之往古，考之当今，上采之圣贤，下察之庶众，无一不合，信乎其为相近也。谓性为皆善，则自己而人，自古而今，自圣贤而众庶，皆不能不少殊。言性之说至本朝而精，以善者为天地之性，以不能尽善者为气质之性，此说既出，始足以完孟子性善之说。世之学者，乃因此阴陋吾夫子之说而不敢明言其为非，则曰性相近是指气质而言，若曲为之回护者。然则孟子之言性何其精，而夫子之言性何其粗耶。窃意天命之谓性，所谓天地之性，是推天命流行之初而言也，推性之所从来也。所谓气质之性，是指既属诸人而言也，斯其谓之性者也。夫子之言性，亦指此而已耳。本朝之言性，特因孟子性善之说，揆之人而不能尽合，故推测其已上者，以完其义耳。言性岂有加于夫子之一语哉。夫子言性相近，他日言中人以上，中人以下，生而知，学而知，人品节节不同，皆与相近之言无戾。孟子专言性善，他日言二之中，四之下，性之及之，先觉后觉，人品亦各各不同，终归于夫子相近之说。夫子未尝言性，言性只此一语，何今世学者言性之多也。

又曰：

　　孟子言忍性，是性不能皆善，而忍亦习之义也。

判辨天地之性与气质之性，亦宋明理学家一大事。陆王学者少言性，程朱学者则鲜不言性，而所辨，实亦无逃于如东发所指陈。惜乎此风扇荡，终难骤返。直至晚明，顾亭林始力言《论语》不言性与天命，而陆桴亭著《思辨录》，其论性大旨，乃一如东发，引孔子性相近之语以上驾乎孟子道性善之上。东发亭林桴亭三人，皆善学朱子。朱子本人翻此窠臼未尽，至三人始逐步翻出，可见学术风气变之有渐而不易。而欲寻求朱子学之流衍，则必于此三人者，乃可得其真血脉真传统所在。此难确指，贵于心知其意者之能微窥而见也。

又读《尚书·舜典》人心惟危一章，《日钞》曰：

近世喜言心学，舍此章全章本旨，而独论人心道心。甚者单撷道心二字，而直谓即心是道。盖陷于禅学而不自知其去尧舜禹授受天下之本旨远矣。蔡九峰作《书传》，尝述朱文公之言曰：古之圣人，将以天下与人，未尝不以治之之法而并传之，可谓深得此章之本旨。其后进此《书传》于朝者，乃因以三圣传心为说。世之学者，遂指此书十六字为传心之要，而禅学者借以为据。愚案：心不待传也。流行天地间，贯彻古今而无不同者理也。理具于吾心而验于事物。心者，所以统宗此理，而别白其是非。人之贤否，事之得失，天下之治乱，皆于此乎判。禅学以理为障，而独指其心，曰：不立文字，单传心印。此盖不欲言理，为此遁辞，付之不可究诘云耳。圣贤之学，由一心而达之天下国家之用，无非至理之流行，明白洞达，人人所同。历千载，越宇宙，有不期而同,何传之云。俗说浸淫,虽贤者或不能不袭用其语,故僭书其所见如此。

传心之说,朱子已先二陆鹅湖寺诗言之。东发一意尊朱,《文集》斑斑可考,东发宁有不知。惟蔡沈《书集传序》单拈心学以为发挥,实失师门宗旨。而所谓《虞书》十六字传心诀者,乃直至晚明,犹噪传不辍,贻害学术界非浅鲜。东发之辨,不仅以辨陆王,亦所以辨程朱,可谓卓绝而特出,惜乎了此义者之终鲜其人也。

朱子《诗集传》不采《诗序》,《日钞》论之曰:

> 《诗》非《序》,莫知其所自作。去之千载之下,欲一旦尽去自昔相传之说,别求其说于茫冥之中,诚亦难事。然其指《桑中》《溱洧》为郑卫之音,则其辞晓然,诸儒安得回护而谓之雅音。若谓《甫田》《大田》诸篇皆非刺诗,自今读之,皆蔼然治世之音。若谓成王不敢康之,成王为周成王,则其说实出于《国语》,亦文义之晓然者。其余改易固不可一一尽知,若其发理之精到,措辞之简洁,读之使人了然,亦孰有加于晦庵之《诗传》者。学者当以晦庵《诗传》为主,间有于意未能遽晓者,则以诸家参之,庶乎得之矣。

此论可悬为后人治《诗》一方针。惜乎清儒不胜其门户之私见,必欲尽返之于毛传郑笺以为快。猎奇钩异者,复旁搜于齐鲁韩三家,使《诗》学重困于丛榛宿莽中,不能复出,亦可慨也。

朱子治《易》，兼取伊川康节，东发则深以为不然。《日钞》曰：

> 我朝理学大明，伊川程先生始作《易传》，时则有若康节邵先生，又别求《易》于辞之外。晦庵朱先生作《易本义》《易启蒙》，乃兼二说。愚按：《易》诚为卜筮而作，考之经传无有不合。《易》至晦庵，信乎其复旧而明且备也。康节所谓先天之说，则《易》之书本无有。《易》于理与数，固无所不包。伊川言理，而理者人心之所同。康节言数，而数者康节之所独。明理者虽不知数，自能避凶而从吉。学数者傥不明理，必至舍人而言天。伊川之言理，本之文王孔子。康节之言数，得之李挺之穆伯长陈希夷。穷理而精，则可修己治人，有补当世。言数而精，不过寻流逐末，流为技术。康节大儒，以《易》言数，虽超出汉人之上，然学者亦未易躐等。若以《易》言理，则日用常行，无往非《易》，此宜审所当务也。

东发不阿守朱子一家言，观此处更可见。

《日钞》又言之，曰：

> 谓《易》本卜筮，谓《诗》非美刺，谓《春秋》初不以字为褒贬，皆旷世未闻之高论，而实皆追复古始之正说。乍见骇然，熟辄心靡。卓识雄辨，万古莫俦。

其推崇朱子，洵可谓更莫有加矣。抑其融会义理考据而一视之，绝不存芥蒂于胸中,此层更值重视。若使此下学术界,能沿此蹊径,续此轨辙,则何来有汉宋之门户。

东发治学,既一本朱子,其于群经大义,几乎一依朱子为从违。偶有矫挽,皆其荦荦大者,已略引如上。故《日钞》于读《论》《孟》《诗》《书》《周易》,皆各得一卷,因朱子皆有成书,不烦多立论也。《日钞·读春秋》凡七卷,《读戴礼》凡十六卷,论议较多,则因朱子于此,未有成书,并亦较少阐说也。

《日钞》于读本朝诸儒理学书,朱子外极推濂溪,谓:

> 本朝理学,阐幽于周子,集成于晦翁。太极之图,易通之书,微晦翁,万世莫能明也。肃襟庄诵之为快,何啻蝉蜕尘涴而鹏运青冥哉。

然其论寻孔颜乐处一节乃曰:

> 颜子之乐,周子于《通书》固尝言之,曰:见其大而忘其小焉尔。大者,性命之源,道德之至尊至贵,小则所谓芥视轩冕,尘视金玉者也。夫然,故吟风弄月,自然不胜其乐。不见大国足民,小国为相,区区必于有行之为滞累耳。周程之相与领会,其大若此,而其剖示于《通书》者,又显著若此。后世有能笃信而自得之,其乐岂有异乎哉。若其极论天地所安之处,以至于六合之外,则周子高明而博学,穷极造化,自然造诣,学者未宜过而问也。颜子所乐之处,实吾心固有。天地所安之处,于人事无关。

此辨义旨深微。寻孔颜乐处，乃是濂溪传授二程理学大血脉所在，顾后来程谢特提曾点，则显与濂溪所举孔颜乐处道路有歧，此一也。濂溪为学，穷极造化，曾与二程极论天地所安，二程于此方面不多传述，微朱子，则太极一图之精奥闳深，将使后世莫能明，然所谓孔颜乐处则殊不在此。《日钞》援据《通书》，加以发明，此二也。至于造化阴阳，东发似少详究。象山贻书朱子，极论《太极图》，东发是朱非陆，如此而止。论性则宁从《论语》、论《易》则颇不喜康节，其读《朱子语类》，则曰：

> 读《朱子语类》，如仰观造化之大，莫知所措辞。然尝详之，夫子作六经，后来者溺于诂训，未害也。濂洛言道学，后来者借以谈禅，则其害深矣。此无他，凡近者犹可进而至于高明，一流于高空，则恐无复可返之期，误人未央也。今朱子解剥濂溪之图象，裒列二程之遗书，以明道学之正传者如此。穷极释氏之作用是性，辨诘诸老之流入禅学，以明其徒之似是而非者如彼。使道学之源不差，而夫子之道复明，此其有功于天下万世，较之施于用世者，拨乱反正，岂足喻劳烈之万一哉。

此乃东发自己学术立场所在，切近人事，不落高空，凡读《日钞》，胥当注意此一分辨也。

东发讨论北宋理学诸儒，尤所辨析入细者，乃在分别指出二程与朱子之有相歧处，此层从来未经注意，加以剖说。夫谓朱子学本二程，此固无可疑者。然若谓朱子于传述二程外更无建树，则何贵于程门诸大弟子外，更多生一朱子。抑且朱学即程学，朱子仅是程门一传人，则述朱即所以述程，阐程不烦复阐朱。朱子在宋代理学中之地位，究如何乎。后人称述理学，必程朱骈举，又必朱陆对立。然朱子年事学历，先于二陆。鹅湖之会，已在朱子成学之后。朱子不为反陆而有学也。故仅以朱陆异同一观点衡量朱子，则决不足以包举朱子为学之大全。而且二陆之学，虽曰自成于门庭之内，兄弟之间，然岂绝无所闻见濡染于时贤，而果谓其崛然拔起于孟子以后千五百年群所不传而己有独得之秘乎。二陆之学亦时复有得于程门，惟象山喜明道不喜伊川，然岂明道伊川伯仲之间，亦犹如象山与晦庵之相水火乎？若谓象山亦上承明道，则又当置朱子于何地？惜乎后之治理学者，必曰程朱陆王，而治经学者，又必分汉学宋学，惟求门户之明显，不贵道术之会通，既为风气所限，亦是识解有蔽，故相率陷此樊囿，莫能脱出。惟东发于此，乃益见其卓荦之孤识，为前后诸儒所莫逮也。

《日钞》有曰：

　　自孔孟殁，异端纷扰者千四百年。中间惟董仲舒正谊明道二语，与韩文公《原道》一篇，为得议论之正。迨二程得周子之传，然后有以穷极性命之根柢，发挥义理之精微。议者谓比汉唐诸儒说得向上一层。愚谓岂特视汉唐为然。风气日开，议论日精，濂溪之言，虽孔孟亦所未发。特推其旨，要不越于孔孟云耳。然孔子于性理，举其端而不尽言，或言之，必要之践履之实，固可垂万世而无弊。自心性天等说，一详于孟子，至濂溪穷思力索，极而至性以上不可说处，其意固将指义理之所从来，以归诸讲学之实用。适不幸与禅学之遁辞言识心而见性者虽所出异源，而同湍激之冲。故二程甫没，门人高弟多陷溺焉。不有晦翁，孰与救止。呜呼危哉。故二程固大有功于圣门，而晦翁尤大有功于程子。

后人言朱学，率多注重于其辨象山，少能注重及其所加于程门之挽救。东发此条，言婉而切，语简而挚，苟非深入两宋理学阃奥，能真有得于朱子论学之渊旨者，则鲜能道及于此。

《日钞》又曰：

> 程氏发明孔孟正学于千四百年无传之后，微言奥旨，特散见于门人之集录，赖朱子起而搜逸访遗，始克成编。其尤切于日用者，已类而为《近思录》。然朱子必丁宁学者，更求之全书。及考其所编之全书，乃称伊川自谓，惟李籲得其意，故以为首篇。且反复详论，谓失之毫厘，则其谬将有不可胜言者。然则学者之读遗书全编，其又可不谨乎。

此处即本朱子意，谓读《二程遗书》不可以不谨。此下遂历举《遗书》多条，而曰：

> 大抵孔孟之学，大中至正之极。而二程之学，正以发明孔孟之言。不幸世之黠者，借佛氏之名，售庄列之说，荡以高虚，举世生长习熟于其间而不自知。闻程子之说，稍不加

审，则动必陷入于彼。程门高弟，才莫过于谢显道。其所录
程说之可疑，亦莫多于谢显道。第一条所录，以鸢飞鱼跃为
活泼泼，活泼泼何等语，求之孔门，惟见其云君子之道造端
夫妇耳。第二条言切脉，第三条言观鸡雏，而皆指以为仁。
切脉观鸡，殆于机触神悟。求之孔子，惟曰居处恭，执事敬，
而孟子亦以恻隐为仁之端耳。谓尧舜之事如太虚中一点浮
云过目，何其与四海困穷天禄永终之戒异也。谓与善人处
坏了人，何其与毋友不如己者之意殊也。谓庄生形容道体
之语为尽好，谓老氏谷神不死一章为最佳。此殆其本心之
形见，而记忆其师平日之言，亦粉泽于其所学自成一家之后
矣。扬子云有言，适尧舜文王为正道，非尧舜文王为他道。
愚亦谓，合于孔孟者，程录之真。异于孔孟者，程录之误。

东发固谓濂洛之言，亦有孔孟所未发，然要当不越于孔孟。治二
程之学者，既惟有窥之于《遗书》，而《遗书》中所言，乃于孔孟有
合有异。二程自言所学，既不欲与孔孟树异，则《遗书》中凡异
孔孟之言，其当为门人之误记可知。此一大辨论，实亦发自朱
子。惟朱子所辨犹未尽，东发继之，此诚为治理学治程朱学者一
绝大当究心之问题。惜乎东发以外，鲜有人能具此识解，仅知辨
程朱与陆王，不知于程朱间亦当有辨也。

《日钞》卷九十一，有《跋尹和靖家传》一文，谓：

　　和靖每谓语录不可信，至晦庵集程录，反有疑于和靖，
而学者多从晦庵。余尝谓晦翁裒集之功固大，和靖亲见之

事尤的。今程录中门人窜入禅语者颇多，和靖之说，其可废
也哉。

和靖之说不可废，即是读《遗书》必加谨也。然而又曰：

> 上蔡语录虽多异于程门，而程门兄弟之格言多载焉，朱
> 吕二先生已取之入《近思录》矣。

此又见读《遗书》必加谨，而终不可置之不读，和靖之说不可废，
而朱子之说亦同为不可废。故谓朱子后善学朱子者，莫东发
若也。

《日钞》又云：

> 老子贵道德而贱仁义，吾儒即仁义而为道德，此毫芒疑
> 似之间，韩子欲辞而辟之，亦难乎其言矣。故曰：道有君子
> 有小人，德有凶有吉，而道德为虚位。若曰道德之名一也，
> 而实不同。儒者以仁义而居之，则道为君子之道而德为吉
> 德。老子舍仁义而欲居之，则道乃小人之道，而德乃凶德。
> 其立辞之精，措意之工，剖析是非之要切，似未有过于虚位
> 之说也。程录非之，岂亦门人之误欤，合俟知者而请焉。

此条所举，似亦不得认为皆由门人之粉泽。然则《遗书》中，纵
是二程本人语，所记无误，亦岂便尽无误乎。惟东发下语和缓，
而口合俟知者而请焉。理则已明，辞则已逊，确乎乃埋学醇儒之

吐属也。然《日钞》他处,亦有畅论竭言不加婉辞者。其言曰:

> 自昔圣帝明王,所以措生民于理,使其得自别于夷狄禽
> 兽者,备于《原道》之书矣。孔孟没,异端炽,千有余年而后
> 得《原道》之书辞而辟之,昭如矣。奈何溺于异端之士,吹
> 毛求衅,窃附程录,欲阴为异端报仇耶。程录尝谓爱主情而
> 言,仁者爱人,此正吾夫子之言,岂可因以博爱为仁非《原
> 道》。程录尝以虚位之说为非,此决非程氏之言。程录又
> 载昌黎言治国平天下止及正心,而不及致知格物,此殆程子
> 一时偶然之言也。孔子言修己以安百姓,孟子言笃恭而天
> 下平,岂必尽及致知格物之条目。《原道》曰:尧以是传之
> 舜禹汤文武周公孔子,孔子传之孟子,所谓传者,前后相承
> 之名也,非他有面相授受之密传也。托附程录者,乃发为异
> 说,以为此必有所见。若无所见,所谓传者,传个甚么。尧
> 舜禹汤文武周公孔孟相传之道,备见于《原道》一书,岂复
> 有如异端所谓不立文字,单传心印之传哉。或者此类多出
> 于上蔡谢氏之门欤。不以爱为仁,而以觉为仁,上蔡之言
> 也。谓有不二法门,而言道无精粗彼此之分者;上蔡之言
> 也。载僧人总老之言,谓默而识之是识个甚么,无入而不自
> 得是得个甚么,亦上蔡之言也。凡今所议《原道》三说,往
> 往类此,愚故意其为上蔡谢氏之门,依仿而托于程录也。

北宋儒学复兴,靡不尊韩,直至二程而其说始变。伊川谓其兄明
道,乃孟子死后千四百年一真儒,秦汉而下,未有臻斯理,则昌黎

之不当被指数，乃及《遗书》之于《原道》屡有非贬，亦固其宜矣。下逮朱子，晚岁亲校韩集，于昌黎可谓偏有所嗜，然亦每讥韩公为文人。惟于《原道》博爱为仁不可非，上蔡以觉为仁不可依，如此之类，已加辨析。至东发乃始畅发之，几乎依据《原道》非议《遗书》，此在伊洛以下理学传统中洵可谓未有之创举也。然东发亦未遽谓二程贬抑《原道》，特谓其出于谢氏之门所依托，则似未见有确据。

《日钞》又一条云：

> 《原性》论与生俱生，而其所以为性者五，仁义礼智信，最为端的。性有三品之说，正从孔子上智下愚不移中来，于理无毫发之背。至伊洛添气质说，又较精微。盖风气日开，议论日精，得气质之性与天地之性对说，而后孟子专指性善之说，举以属之天地之性，其说方始无偏。此于孟子之说有功，而于孔子之说无伤。实则孔子言性，包举大体，孟子之说，特指本源，而言性无出于孔子者矣。奈何三品之说本于上智下愚之说，而后进喜闻伊洛近日之说，或至攻诋昌黎耶。

崇道贬文，尊伊洛而诋昌黎，已成理学界中传统风气，无足怪者。而东发之辨，乃弥见可珍。

《日钞》又曰：

> 上宰相三书，世多讥其自鬻。然生为大丈夫，正蕲为天

下国家用。孔子尝历聘列国,孟子亦尝游说诸侯矣。如公
才气,千古一人,亦同流俗,困于科举,而不得少见于世。故
直撼其抱负以自达于进退人才者。始则晓以古者成就人才
之道,次则动以一己饥寒之迫,终则警以天下未治,光范门
虽尊,公直与之肝膈无间。然则公之抱负者为何如,而可讥
其自鬻哉。

又曰:

公之三上宰相书,岂阶权势求富贵。宰相人才所由进。
磊落明白以告之,公之本心,如青天白日。

又曰:

《符读书城南》,世多议其以富贵诱子,是固然矣。然
亦人情,诱小儿读书之常,愈于后世之饰伪者。
《示儿》诗以有屋自慰,与《符读书》诗正相终始。

理学家鄙视文艺,遂乃高悬一种不近人情之标格,肆所讥评。昌
黎尤是文家冠冕,其三上宰相书,《符读书城南》诗等,于是更为
弹射之目标,而东发一一为之平反,此等情怀识趣,求之一般理
学家中实为难得。

《日钞》又曰:

　　昌黎与冯宿论文，谓称意者人以为怪，下笔令人惭，则人以为好。历数百年至本朝，欧阳公方能得公之文于残弃而发扬之，否者终于湮没。自欧阳公以来，虽曰家藏而人诵，殆不过野人议璧，随和称好。真知公之文者，又几何人哉。人谁不讲孔孟之学，至遇事则往往而违其训。人谁不读韩欧之文，至执笔则往往而非其体。人莫不饮食，鲜能知其味。不心诚求之，是真无益哉。

此以韩欧之文与孔孟之道相提并论，欲人心诚求之，以知其味，若绳以理学家之偏狭，是不啻教人玩物而丧志也。东发此等处，盖皆深有得于朱学之传统。窃谓宋明理学家若均能循此门脉，游心文艺，则其学思所至，必将远异于如今之所见，而惜乎具此识解，备此工力者之不多觏也。

《日钞》又盛赞苏东坡《韩文公庙碑》，谓非东坡不能为，非文公不足当，谓是千古奇观。又曰：

　　临川王氏，尝为诗以讥昌黎，曰，纷纷易尽百年身，举世无人识道真，力去陈言夸末俗，可怜无补费精神。晦庵先生校昌黎文，乃取此诗附其后。愚观晦庵平日，于昌黎实敬其人，实爱其文，独以其未免诗酒浮华，志在利禄，而微有叹息之辞。瑕瑜不相掩，已极议论之公矣。今附此诗，则所未晓。且枉费精神之说，陆象山正以此讥晦庵，而其说正自临川王氏来，亦岂其然乎。又世传昌黎尝与大颠书，其文陋甚，昌黎集无之。东坡先生尝辨其伪矣。昌黎本以刑部侍

郎到潮州还朝，久之，乃迁吏部。欧阳公所得大颠书石本，
乃称吏部侍郎，此可知其为伪尤明。晦庵亦以其书为真而
录于后，亦所未晓。

此条若掩去其作者与书名，使人读之，将更不料其乃一理学大儒
所言，又是在理学中乃一意专崇朱子学者之所言。义理考据，实
事求是，文道兼尽，本末俱到，非真有得于朱子学之传统者，亦宜
不能有此言也。

《日钞》读柳文有曰：

> 六卷七卷，皆浮屠家碑铭，惟南岳大明二碑，明白可诵。
> 盖二碑所言者律，而余多言禅也。律者严洁其身，佛所教人
> 之本旨。禅之说创于达摩，自称教外别传，佛书初无此说
> 也。律出于佛，其徒惮而小之。禅不出于佛，其徒张而大
> 之。世之言佛者，将安从乎。

朱子竭意辟禅，东发承之。然谓禅不出于佛，则东发自抒己见，
非自朱子来。

又柳文《送僧浩初序》，专辟退之辟佛。东发评之云：退之
言仁义，而子厚异端。退之行忠直，而子厚邪党。尚不知愧而反
操戈。又并论其文云：

> 柳以文与韩并称。柳之达于上听者皆谀辞，致于公卿
> 大臣者皆罪谪后羞缩无聊之语。碑碣等作，亦老笔与俳语

相半。间及经旨义理，则是非多谬于圣人，凡皆不根于道故也。惟纪志人物以寄其嘲骂，模写山水以舒其抑郁，则峻洁精奇，如明珠夜光，见辄夺目。此盖子厚放浪之久，自写胸臆，不事诔，不求哀，不关经义，又皆晚年之作，所谓大肆其力于文章者也。故愚于韩文无择，于柳不无择焉。欧阳子论文，亦不屑称韩柳而称韩李，此指李翱。

宋人论文者，皆已韩柳并称，东发独区以别之，又引欧阳氏言以自张。其于柳集，分别其年代先后，文体异同，指陈利病，而一归于作者之心术与学业。此亦渊源于朱子文道一贯之旨推阐来也。

其论欧阳文之《本论》则曰：

> 佛法害政，昌黎之说尽之。佛教害人心，晦庵之说尽之。不能明言其所以害而使疾声大呼以泄其愤，石徂徕之《怪说》尽之。欧阳公所谓上续昌黎斯文之传者，正以辟佛一事。然不过就昌黎改易新说，而适以消刚为柔，如闭关息兵，惟敌之纵。呜呼！殆所谓能言距杨墨者，皆圣人之徒软。

又曰：

> 欧公虽亦辟异端，视韩文公恐不同。苏公以公继韩，上达孔孟，此则其一门之授受所见然耳。故求义理者必于伊

洛,言文章者必于欧苏。盛哉我朝,诸儒辈出,学者惟其所之焉,特不必指此为彼尔。

得于义理,未必即得于文章。得于文章,亦未必即得于义理。二者苟不能合一,亦不当据此废彼,莫如惟其所之。东发之意伟矣,朱子后,能为此言者殆惟东发也。

东发又引欧阳言(见《读史·本朝名臣言行录》),文学止于润身,政事可以及物,而曰:公一代文章宗师,东坡先生所尊事,昌黎公以来一人而已。所言犹若是,后之欲为文者可以观矣。是则东发《日钞》虽不废集部,要其意亦非欲以为文人而已,此则亦当辨者。

其读苏文《上刘侍读书》,谓:

> 言天下之所少者,非才也,气也。愚谓人才以气为主,此论得之。又言凡所以成者,其气也,其所以败者,其才也,愚谓此立论之过,几于偏矣。其实成天下之事者才也,遂吾身之才者气也。才气虽异名,二之亦不可。今以才为败,是见才于流弊,而不见才于本原。见才于后世,而不见才于古人也。

又读《思堂记》,谓:

> 心之官则思,自古未闻无思之说。天下何思何虑,言理有自然,不待思也。不思而得,言德盛仁熟,不必思者也。

如朋从尔思，思而不学之类，则戒人之过于思也。思不可无。东坡才高识敏，事既立就，而又习用道家之说，以爱惜精神为心，故创言无思。非孔孟教人意。自得之趣，不可以训。

此皆就文章辨义理。义理无穷，则文集亦何可不究。伊川亦以读书为格物穷理之一端，然程门教人读书，终嫌太狭，伊川并庄列亦不寓目。和靖来程门半年，仅得看《大学》《西铭》。文章之士，爱于泛滥，遂使程苏门下终于分裂，要亦由双方读书风气之相冰炭。惟读书少，此心无放处，而必欲归之一线，则势将横斜轶出。朱子言，学问孤则易入禅。程门下梢都入禅，正亦因其视义理者太孤，读书门路太狭，其心枯燥，有以导之。而程门敬字，于此乃益见其重要。此在二程当时，殆以理学之途初辟，有不得不如此者。然孔孟大道，究非蚕丛栈道之比。故二程之为道，必至于朱子而后成，而后定。朱子始以博学广览教人，乃象山又议之曰支离，此见当时理学门户，固已深固，而来游朱子之门者亦终不能于二程传统下痛快得解放。东发专崇朱子，极斥象山，其读书之广，观于《日钞》所罗列，文集一门，韩柳以下，凡得十家，东发于此，盖莫不竟体循玩，非聊资浏览而已。此乃东发善承朱子，乃其一种新学风之展开，大值注意大堪欣赏者。惜乎东发以后，此风终于不扬。治理学者仍惟奉语录为主，能上探经籍者已少，能旁及百家者更少，又能纵恣及于诸史者则更少之又少。又何论于诗文末技。而从事诗文者，亦鲜能味道之腴，而惟雕章琢句是务，此固限于其人之才，抑亦囿于风气，而学术之各有门户，乃不仅道学与儒林分而不合，而文苑一类又复距之益远，此则读东发之书，所由益增其向往之私也。

《日钞》又言曰：

> 东坡之文，如长江大河，一泻千里。至其混浩流转，曲折变化之妙，则无复可以名状。盖能文之士，莫之能尚也。而尤长于指陈世事，述叙民生疾苦。方其年少气锐，有贾太傅流涕汉廷之风。及既惩创王氏，一意忠厚，思与天下休息。其言切中民隐，发越恳到，使岩廊崇高之地，如亲见闾阎哀痛之情。有不能不恻然感动者。真可垂训万世矣。然至义理之精微，则当求之伊洛之书。

朱子于东坡，辨义理则严斥之，论文章则深与之。东发承其意，其于评骘苏文又加翔实焉。然后人读苏集，爱其文辞，则鲜不增其排拒理学之气焰。于以知心胸广大，识趣明允，之于学者为难得也。

其读曾南丰文则曰：

> 南丰与荆公俱以文学名当世，最相好，且相延誉。其论学皆主考古，其师尊皆主扬雄。其言治皆纤悉于制度而主《周礼》。荆公更官制，南丰多为拟制诰以发之。岂公与荆公，抱负亦略相似，特遇于世者不同耶。抑闻古人有言，有治人，无治法。详于法必略于人。秦法之密，汉网之疏，其效亦可睹矣。南丰之文多精核，而荆公之文多澹静。荆公

之文多佛语，而南丰之文多辟佛，此又二公之不同者。

朱子极喜南丰文，少尝慕效之，《日钞》此条，兼论南丰荆公，论其文，又论其人、其学。并纵及于历代之治道，宋初之政制，又及于《周官》一书之不可信用。皆是卓见独出。苟非性理大儒，固不能有此魄力与此识见。因经史治道，本当为性理大儒所潜心探索也。若限于以谈心说性为理学，则遇南丰荆公集，亦将有无话可说之憾。而一辈以绲章绣句为尽文学之能事者，虽日抱曾王两集，亦将无话说得到此。

其《读荆公集》，于荆公《上仁宗皇帝书》，言方今患在不知法制，其他如《伯夷论》《三圣人论》《周公论》之类，无不一一为之考核其所论之是非得失，而于《老子辩》，则深喜之，谓当写出熟读。又曰：《上人书》云：文者务于有补于世而已。《与祖择之书》，谓二帝三王引而被之天下之民，孔子孟子书之策，皆圣人之所谓文。谓论文至此，不其盛矣乎。此皆于《荆公集》有所取。

又曰：

文人不护细行，是有是言矣。亦孰知博学能文，其清修苦节有如荆公者乎。公之文，有论理者，必欲兼仁与智而又通乎命。有论治者，必欲养士教士取士，然后以更天下之法度。其文率暧昧而不彰，迂弱而不振，未见其有犁然当人心，使人心开目明，诵咏不忘者。或者，辨析义理之精微，经纶治道之大要，固有待于致知之真儒耶。惟律诗出于自然，追踪老杜,记志极其精彩,仿佛昌黎,虽有作者,莫之能及。公其文人之护细行者乎。

东发评荆公乃文人而护细行,评其文,谓未能使人心开目明,诵咏不忘,所评皆迥不犹人,而又恰切不移。又谓其因细行而致大用,并引蜀人某氏言,人虽误国,文则传世,谓是确论。因谓其论治讲理之文,与题咏记碣之文如出两手,不当例观。此等皆是论人论事论学论文,平正明达,各得其当,洵非性理大儒则莫能如是也。

其《读山谷集》则曰:

> 涪翁孝友忠信,笃行君子人也。世但见其嗜佛老,工嘲咏,善品藻书画,遂以苏门学士例目之。愚熟考其书,其论著虽先《庄子》而后《语》《孟》,至晚年自列其文,则欲以合于周孔者为内集,不合于周孔者为外集。其说经,虽尊荆公而遗程子,至他日议论人物,则谓周茂叔人品最高,谓程伯淳为平生所欣慕。方苏程门徒相诋,独涪翁超然其间,无一语雷同。方荆公欲挽俞澹老削发半山,涪翁亦尝谏止。此其天资高明,不缁不磷,岂苏门一时诸人可望。读涪翁之书而不于其本心之正大不可泯没者求之,不足知涪翁,亦恐自误。

如此之论,诚所谓义理考据辞章,三者兼尽,岂止为涪翁一人辨白而已乎。惜乎东发此辨,后人亦少注意。盖东发生时不淑,其书流布既已不广，又文章之士不读性理书，研心性号理学者，又排拒文章，不加理会，于是东发此等议论，七百年来，真如古调之独弹，无有过而听之者。信知学风不变，则真学实见，终亦甚难豁然而出也。

其《读汪浮溪集》则曰：

> 浮溪之文，明彻高爽，欧苏之外，邈焉寡俦。艰难扈从之际，敷陈指斥，尤多痛快，殆有烈丈夫之气。至其行责词，则痛诋李纲、草麻制，则力褒秦桧。平居议论，则鄙经学而尊词章。词章陋习，灭没人才，一至此甚。不然，公之成就，岂止如今日所见而已哉。

理学之外不能无词章，而词章终亦不能背弃理学，以自成为文章。学术失其正，其害至于灭没人才。东发之寄慨者深矣，又岂仅为汪氏一人而发。

其《读范石湖集》有曰：

> 自昔士大夫建明，多烂然于高文大册之间，而至今小民疾苦，终蹙然于穷檐败壁之下。岂非人存则政举，而有国有家者，常宜以得人为急务哉。

东发以石湖拟东坡，谓两人皆踪迹遍天下，审知四方风俗，所至登览啸咏，为世欣慕。然又谓苏文开辟痛畅，又放浪岭海，四方人士为之扼腕，故身益困而名益彰。石湖文简朴无华，又致位两府,福禄过之,流风遗韵,亦易消歇。其所较量于两人者,可谓深挚。然苏范皆文章之士,而亦皆能关心民瘼,东发以士大夫之高文大册与穷檐败壁间之小民疾苦相提并论,而主为政者宜以得人为首务,此则其论治重人过于重法之一贯主张也。

其《读叶水心集》有曰:

> 乾淳间,诸儒彬彬辈出,晦翁本《大学》致知格物以极于治国平天下,工夫细密,而象山斥其支离,直谓即心是道。陈同甫修皇帝五霸之学,欲前承后续,力挂乾坤,成事业而不问纯驳。陈傅良则又精史学,欲专修汉唐制度吏治之功。其余纷纷,大要不出此四者。虽精粗高下难齐,而皆能自白其说,皆足以使人易知。独水心混然于四者之间,总言统绪,然未尝明言统绪果为何物,令人晓然易知。

又曰:

> 水心论兵财习俗,明白贯彻,笔端有口,一何奇也。其论《皇极》《大学》《中庸》,但见其班班有字,而玩索莫晓,一何甚也。

又曰:

> 水心能力排老庄,乃并讥伊川。能力主恢复,乃反斥张魏公。能力诋本朝兵财靡散天下,以至于弱,乃欲割两淮江

南荆湖弃诸人,以免养兵,独以两浙为守。水心之克称于世者,独其铭志序跋笔力横肆尔。近世自号得水心文法者,乃以阴寓讥骂为能。不于其横肆,而独于其戏者。水心之传世者仅此,而学之者又辱之,且关学者心术,故为之辨。

凡其辨水心学术、政事、文章三项,一一精核,后世论者莫能及。

以上备引《日钞》读文集十家,以见理学家中能游心文苑,朱子以下,当首推东发。此途不辟,则理学终成偏枯。而东发于朱子文,则尤极崇扬。兹引其一节以殿,曰:

> 晦庵先生天才卓绝,学力宏肆。落笔成章,殆于天造。其剖析性理之精微,则日精月明。其穷诘邪说之隐遁,则神搜霆击。其感慨忠义,发明离骚,则苦雨凄风之变态。其泛应人事,游戏翰墨,则行云流水之自然。究而言之,皆此道之流行,犹化工之妙造也。

盖东发所抱文道一体之理想境界,即以朱子一集为其具体之实例也。

《日钞》于子部,上自老庄,下迄当代,一一为之别真伪,判是非,用力亦甚勤。如曰:

> 庄子以不羁之才,肆跌宕之说,创为不必有之人,设为不必有之物,造为天下所必无之事,用以眇末宇宙,戏薄圣贤,走弄百出,汒无定踪,固千万世诙谐小说之祖。然时有

出于正论者,所见反过老子。老子不过卑退自全,庄子往往明白中节。

又曰:

庄子可录者过于老子,然其悖理则尤甚于老子。

又论荀子主性恶曰:

彼所谓伪,人为之名,非诈伪之谓。若曰人性本恶,修为斯善,其意专主习而不主性,其说遂堕一偏。又古今字义渐变不同。如古以媚为深爱,而后世以为邪。古以佞为能言,而后世以为诌。荀子所谓伪,殆类《中庸》之所谓矫。择言不精,遂犯众骂。

其论《管子》,谓:

其书不出一人之手。大抵其别有五。《心术》《内业》等篇,影附道家以为高,《侈靡》《宙合》等篇,刻断隐语以为怪。管子之情见于《牧民》《大匡》《轻重》之篇。《牧民》之篇最简明,《大匡》之篇颇粉饰,《轻重》之篇殆附会。

其论列子,谓:

其静退似老聃。老聃用隐术,而列子无之。其诞谩似庄周。庄周侮前圣,而列子无之。其学类杨朱。故其书有《杨朱》篇。张湛序其书,谓往往与佛经相参,则晋人好佛,因列子多诞,寄影其间。

其论公孙龙,曰:

其略有四,一曰白马非马,二曰物莫非指,三曰鸡三足,四曰坚白石。臧三耳之辨,亦出公孙龙,《孔丛子》《吕氏春秋》载之,此书不及。

其论《淮南子》,曰:

自周衰,天下乱,诸子蜂起,争立异说。汉兴,一切扫除,归之忠厚,诸子之余党无所售,诸侯王之好事而不知体要者稍稍收之。淮南王安不幸贵盛而多材,慷慨而喜事,起而招集散亡,于是战国以来诸子遗毒余祸皆萃于安。

又曰:

古语有之,君子道其常,小人道其变,诸子之所语者变而已。庄列以来无一不然,鸿烈所集,大率此类。而于其纷然类集之中,乃有自反其说,足以明天下之常者。始作衣者,十三卷以为伯余,十九卷以为胡曹,此则集众为书,不相参照之弊。

论陆贾《新语》曰：

> 贾本旨谓天下可以马上得，不可以马上治之意，十二篇咸无焉，此书似非陆贾之本真。

其论《春秋繁露》曰：

> 隋唐国初《繁露》，未必皆董仲舒之旧。中兴后《繁露》，又非隋唐国初之《繁露》。汉世之儒，惟仲舒仁义三策，炳炳万世，曾谓仲舒之《繁露》而有是乎？欧阳公读《繁露》不言其非真，而讥其不能高其论以明圣人之道。仲舒纯儒，欧公文人，此文学者所宜审也。

其论《论衡》曰：

> 惜其初心发于怨愤，持论失于过激，失理之平，正与自名论衡之意相背。至其随事各主一说，彼此自相背驰。

其论《申鉴》，曰：

> 喜于立论，而当理者殊少，文亦颇卑弱，与其所著《汉纪》颇不类，未知果悦之真否？

其论《参同契》,曰:

> 近世蔡季通学博而不免于杂,尝留意此书,晦翁与之
> 游,因为校正,其书颇行,然求其义则终无之。

其论孙子,曰:

> 孙子之书,兵家之祖,亦庶几乎立言之君子。诸子自荀
> 扬外,其余浮辞横议者莫与比。

右所引摘,不足《日钞》所论刊四之一,又每书仅摭其数语,特以
见东发读书,义理考据辞章无不游心。小至于一事一物,大至于
世运隆污,宇宙道要,学博而能醇,与尽屏文史百家,专务几条语
录,谈心说性,而自谓理学者乃绝不相似也。

东发于史学,亦见博洽,《日钞》以外,复有《古今纪要》十九
卷,上起左国,下讫北宋,专就史书,撮其纲领,采其粹语,而主要
一归于人物,博综条贯,细大并包,兼附评论,简约扼要,取以与
《日钞》合读,可见东发治史之大概。但不知两书先后。窃疑既
已遍及古今诸史,当是一时循次诵读,则《日钞》读史诸卷应在
前,同时又加整理,乃成《纪要》也。

《日钞》无东汉书,仅有一条附西汉书末,而《纪要》后汉占
一卷,首尾无缺。则《日钞》必是本有而俄空也。其仅有之一
条云:

东汉人才，类过西汉。西汉如董生王阳以道出处者，不过一二人。其他类皆才智之士。东汉则忠信笃厚之士十居八九。自光武初兴，一时驱驰介胄者，已莫不然。才智者可与集当世之功，忠信者可与语古人之道。然东汉卒不古若者，世祖鉴新莽之弊，终东汉之世，士大夫未尝得一日之权也。以是事归台阁，又归外戚，又归宦官，而道义之士卒歼于党锢，呜呼悲夫。天子之职，在论一相，而可因咽废食也哉。

东发论政，常主有治人，无治法。故其读史，亦备详人物，而不过重于制度。惟东汉书仅存此一条，而要言不烦，一切尽归之于光武创制之不善。此见高贤大儒之读书，其所为终异于常人也。

其《论三国志》云：

蜀者，地之名，非国名也。昭烈以汉名，未尝以蜀名。不特昭烈，虽孙氏之盟亦曰：汉吴既盟，同讨魏贼，彼小人兮，归何所据而以蜀名之。国之有称号，犹人之有姓氏，自古未有改人之姓氏而笔之书，则亦未有改人之国号而笔之史者。刘渊自谓汉，人犹谓之汉，元帝累累南渡，世亦谓之晋。未闻以其居吴而谓之吴也。史氏实录，将以示信万世，从而蜀之，何钦。

《纪要》亦曰：

　　陈寿何人，一旦灭汉之号而私以蜀为称。习熟既久，甚
至《通鉴》亦仍其旧。

此一检举，陈寿以来发其覆者不多。朱子以《通鉴》承《三国志》
书蜀入寇，遂起意欲为《纲目》，然于昭烈国号为汉非蜀，竟亦未
能辨正，东发始发此正名之议，然此下魏蜀吴三国称号，竟亦莫
之能改，陈寿私举，遂成历史定案，亦可怪也。

　　　　　　　此稿刊载于一九七一年一月台北故宫
　　　　　　博物院《图书季刊》一卷三期

王深宁学述

黄东发同时,尚有王应麟,字伯厚,自号深宁居士,学者称为厚斋先生,其学亦承朱子。清江贝琼之言曰:

> 自厚斋尚书倡学者以考亭朱子之说,一时从之而变。故今粹然皆出于正,无陆氏偏驳之弊。然则四名之学,以朱而变陆者,同时凡三人矣。史果斋也,黄东发也,王伯厚也。三人学术既同归矣,而其倡和之言不可得闻,何也。厚斋著书之法,则在西山真为肖子矣。

是元儒固谓东发伯厚,其学同归。黄梨洲《宋元学案》原稿,以《深宁传》附《真西山学案》,亦承贝清江之意。全谢山《宋元学案》,始别为《深宁学案》,其言曰:

> 四名之学多陆氏,深宁之父,亦师史独善以接陆学。而深宁绍其家训。又从王子文以接朱氏,从楼迂斋以接吕氏,

又尝与汤东涧游。东涧亦兼治朱吕陆之学者也。和齐斟酌，不名一师。

又为《同谷三先生书院记》，其言曰：

> 王尚书深宁，独得吕学之大宗。或曰：深宁之学，得之王氏野，徐氏凤，王徐得之西山真氏，实自詹公元善之门。而又颇疑吕学未免和光同尘之失，则子之推为吕氏世嫡也，何欤。曰：深宁论学，盖亦兼取诸家。然其综罗文献，实师法东莱。况深宁少师迂斋，则固明招之传也。

又为《宋王尚书画像记》，亦曰：

> 先生之学，私淑东莱，而兼综建安江右永嘉之传。

窃谓谢山《学案》，于史学有贡献，而于理学为皮外。并深受李穆堂影响，于朱子更持偏见。其于王伯厚《困学纪闻》，又继阎百诗何义门两人之后，为之笺注，其重视此书可知。其序有曰：江西万丈孺庐见之，嗟赏以为在二家之上。万孺庐亦如李穆堂，由陆氏而尊荆公，其偏见亦特深，故谢山于深宁，决不承其学出朱子，然此实自元以下学术界之公论。袁桷序《困学纪闻》有曰：

> 礼部尚书王先生出，知濂洛之学，淑于吾徒之功至溥。

然简便日趋,偷薄固陋,瞠目拱手,面墙背芒,滔滔相承,恬不以为耻。于是为《困学纪闻》二十卷,具训以警。

谢山评之曰:清容绝不知学。

今考袁桷于深宁六十五岁时来受业,时宋亡已十二年。桷亦年十二,自称在门下十年。《清容集》有陈志仲墓志,有云:宋季词科,吕成公真文忠传诸徐凤,徐凤传诸王公应麟。则前人谓深宁得吕王之传者,特指其早年词科之学言。深宁之从学于王野,在十九岁时。其从学于徐凤,则不知在何年。要之皆早岁之事。清容从学于深宁则在深宁之晚岁。《困学纪闻》乃深宁晚岁著作,清容十年亲炙,其言宁不可信,乃可以绝不知学四字轻加弃斥乎。

四库全书《困学纪闻》提要有曰:

> 应麟博洽多闻,在宋代罕其伦比。虽渊源亦出朱子,然书中辨正朱子语数条,如《论语注》不舍昼夜舍字之音,《孟子注》曹交曹君之弟,及谓《大戴礼》为郑康成注之类,皆考证是非,不相阿附。

亦明谓深宁之学渊源朱子。至其举辨正朱子语,皆属小节,远不能与东发之驳朱子者相比,然又何害东发之一宗朱子乎?又案《纪闻》卷六云:《楚辞辨证》云:洪引颜师古曰:舍止息也。屋舍次舍皆此义。《论语》不舍昼夜,谓晓夕不息耳。今人或音舍者非是。《辨正》乃朱子晚岁之书,当从之。则此一条,乃是即以朱子正朱子也。

今请证之以《纪闻》之本书。《纪闻》卷十五有曰：

> 止斋谓本朝名节自范文正公，议论文章自欧阳子，道学自周子。三君子皆萃于东南，殆有天意。

又曰：

> 周元公生于道州，二程子生于明道元二间，天所以续斯道之绪也。

又卷五有曰：

> 朱文公《答项平父书》云："子思以来，教人之法，惟以尊德性道问学两事为用力之要。子静所说，专是尊德性事，而某平日所论问学上多。所以为彼学者，多持守可观，而看义理不细。而某自觉于为己为人多不得力。今当反身用力，去短集长，庶几不堕一边。"即此观之，文公未尝不取陆氏之所长也。太极之书岂好辩哉。

观此三条，知上引袁清容贝清江以及四库馆臣之言皆不虚。全谢山亦知《纪闻》援引奥博，非可以陆学相拟，乃亦不欲归之于朱，乃谓其兼取朱陆，而独得吕学之大宗。然考《纪闻》卷十五引李维之云：

> 东莱之学甚正,而优柔细密之中,似有和光同尘之弊,
> 象山之学虽偏,而猛厉粗略之外,却无枉尺直寻之意。

若以此条会合上引三条同看,深宁之于朱吕陆三家,岂诚如谢山所谓和齐斟酌,不名一师乎。至谢山谓深宁少师迁斋,证其为明招之传,此亦误不足据。谢山《宋元学案·丽泽诸儒学案》,楼昉,号迁斋,从东莱于婺。李悦斋学士,王厚斋尚书,其高弟也。王梓材案云:

> 李悦斋为绍熙庚戌进士,厚斋尚书以嘉定癸未生,相去三十四年。且其父温州,已是幼从迁斋,尚书未必再及楼门。

则谢山之误显然矣。

又考深宁《四明文献集》卷一《诗考语略序》有曰:

> 汉言诗者四家,师异指殊。贾逵撰《齐鲁韩与毛氏异同》,梁崔灵恩采三家本为集注。今惟毛传郑笺孤行。韩仅存外传,而齐鲁诗亡久矣。诸儒说书,一以毛郑为宗,未有参考三家者。独朱文公《集传》,闳意眇指,卓然千载之上。言《关雎》则取康衡。《柏舟》妇人之诗,则取刘向。笙诗有声无诗,则取《仪礼》。上天甚神,则取《战国策》。何以恤我,则取《左氏传》。抑戒自儆,昊天有成命,道成王之德,则取《国语》。陟降庭止,则取《汉书注》。宾之初筵,饮

酒悔过，则取《韩诗序》。不可休思，是用不就，彼岨者岐，皆从韩诗。禹敷下土方，又证诸《楚辞》。一洗末师专己守残之陋。学者讽泳涵濡而自得之，跃如也。文公语门人，《文选注》多韩诗章句，尝欲写出。应麟窃观传记所述三家绪言，尚多有之。网罗遗轶，傅以《说文》《尔雅》诸书，萃为一编，以扶微学，广异义，亦文公之意云尔。《集传》者或有考于斯。

观于此序，知厚斋之治《诗》，与其治经之宗师所在矣。

又同卷《跋袁洁斋答舒和仲书》有曰：

右洁斋袁先生答广平舒先生和仲书。昔子朱子有言，子思教人之法，以尊德性道问学两事为用力之要。陆子静所言，专是尊德性。洁斋先生之学，陆子之学也。观其尺牍，皆勉学之要言。盖尊德性实根本于学问，未尝失于一偏，是亦朱子之意也。所谓但慕高远，不览古今，务为高论，不在书策者，箴末俗之膏肓，至深至切。所谓古人多识前言往行，日课一经一史，斯言也，学者当书绅铭几，昼诵夜思，尊所闻，行所知，可不勉欤。

此亦所谓以朱变陆之一证也。

又《纪闻》卷一有曰：

召平董公四皓鲁两生之流，士不以秦而贱也。伏生浮丘伯之徒，经不以秦而亡也。万石君之家，俗不以秦而坏也。剥之终日硕果不食，阳非阴之所能剥。

深宁《纪闻》之书成于元代。《袁清容集》言，深宁当元初，尝为俗吏所窘，惟杜门用晦而已。久之，始有稍稍致敬于深宁者，然深宁杜门如故。谢山以《纪闻》此条为深宁有感于身世之言，是也。

《四明丛书》有《深宁文钞摭余编》，卷一有《戴氏桃源世谱序》，有曰：

> 彼黍离离，故家与国升降。虽然，义理在人心，万古不磨。纲常在宇宙，亿世不泯。伏生申公高堂生之经学，士不以秦而贱。万石君家之孝谨，鲁两生之节操，俗不以秦而薄。言良贵者不以人爵，言不朽者不以世禄，修其在我而已。

知此意深宁乃屡言之，其有感于身世者至深矣。明遗民顾亭林有亡国亡天下之辨，又曰：天下兴亡，匹夫有责，此即深宁修其在我之意也。

《纪闻》又曰：

> 天地未尝一日无阳，亦未尝一日无君子。故十月为阳，纯坤称龙。
> 　《易》于《蛊》，终则有始。于《剥》，消息盈虚。于

《复》，反复其道。皆曰天行也。然则无豫于人事与？曰：圣人以天自处，扶阳抑阴，尽人事以回天运，而天在我矣。

卷三又曰：

> 凡百君子，各敬尔身。胡不相畏，不畏于天。《诗》云：宗周既灭，哀痛深矣。犹以敬畏相戒。圣贤心学，守而勿失。中夏虽亡，而义理未尝亡。世道虽坏，而本心未尝坏。君子修身以俟命而已。

如深宁亭林皆值亡国之余，痛怵于亡天下之将临，而修身以俟，尽人事以回天运者也。《桃源世谱序》深望于故家文献之嬗续，并引及吕成公语，亭林作《裴村记》，亦由此寄慨。然固不得谓王顾之意，乃在彼而不在此也。

《纪闻》卷一又云：

> 廉耻，国之脉也。廉耻泯则国从之。

卷二又云：

> 《毕命》一篇，以风俗为本。殷民既化，其效见于东迁之后。盟向之民，不肯归郑，阳樊之民，不肯从晋。及其末也，周民东亡而不肯事秦。王化之入人深矣。唐贾止议取士，以安史之乱为鉴。谓先王之道消，则小人之道长。小人

之道长，则乱臣贼子生焉。盖国之存亡在风俗。四维不张而秦历促，耻尚失所而晋祚覆，止其知本之言哉。

又曰：

> 乃命三后。先儒曰：人心不正，则入于夷狄禽兽，虽有土不得而居，虽有谷不得而食。故先伯夷而后及禹稷。此说得孔子去食，孟子正人心之意。小雅尽废，其祸烈于浲水。四维不张，其害憯于阻饥。

此条引先儒，乃吕东莱书说。深宁引朱子，必称文公，又曰子朱子。其于东莱，则或称先儒。其于朱吕两人之轻重，即此小节可见，亦可见谢山言之无证也。

又卷二十有曰：

> 尚志谓之士，行己有耻谓之士，否则何以异乎工商。

顾亭林特以博学于文行己有耻八字教人。其为《日知录》，极近《困学纪闻》。博学于文，两人固极相似。其重视风俗，而以行己有耻四字自律，实亦《纪闻》之书先启之也。

又《纪闻》卷十三有曰：

> 《曲礼》《少仪》之教废，幼不肯事长，不肖不肯事贤。东都之季，风化何其美也。魏昭请于郭泰，愿在左右，供给

洒扫。荀爽谒李膺,因为其御。范滂之归,乡人殷陶黄穆侍卫于旁,应对宾客。阙里气象,不过是矣。

亭林《日知录》特标风俗一卷,而最称美东汉,其意亦自《纪闻》启之。

又卷二十有曰:

> 群居终日,言不及义,而险薄之习成焉。饱食终日,无所用心,而非僻之心生焉。故曰:民劳则思,思则善心生。瘝痱无为,《泽陂》之诗所以刺也。

亭林《日知录》即以《论语》此两语分说南北风俗之病,方朴山已谓其即本之《纪闻》。

《纪闻》卷七又云:

> 沮溺荷蓧之行,虽未能合乎中,陈仲子之操,虽未能充其类,然惟孔孟可以议之。斯人清风远韵,如鸾鹄之高翔,玉雪之不污,视世俗徇利亡耻,饕荣苟得者,犹腐鼠粪壤也。小人无忌惮,自以为中庸,而逸民清士,乃在讥评之列,学者其审之。

谢山云:此言亦必有感于当时之为孔光冯道者。今按亭林托言其母,矢志不仕。鸾鹄高翔,玉雪不污,异世同情,亦犹深宁之在元世也。

又卷六有云：

> 公山不狃曰：君子违不适仇国，所托也则隐。斯言也，
> 盖有闻于君子矣。背君父以覆宗国者，不狃之罪人也。

谢山曰：斯言也，为吕文焕刘整范文虎诸人言之。故凡其心不在
宋元之际以及明清之际之天地大转变夷夏大反复者，即不足以
读《困学纪闻》与《日知录》。亦可谓凡其心不在民族文化绝续
兴亡之大者，即不足以与论深宁亭林两人之为人与为学。

《深宁文钞摭余编》卷一又有《诸经通义序》，有曰：

> 圣人作经载道，学者因经明道。学博而不详说之，无以
> 发群献之眇指。说详而不反约，无以析群言之瞉乱。经学
> 至于通而止，汉儒之说，何其纷纷也。

深宁言作经载道，因经明道，亦可谓即是亭林经学即理学之先
声。此种在经学上之见解与抱负，苟非渊源朱子，又岂吕陆之传
乎？清儒如阎潜邱全谢山，固亦极重深宁，然仅知重其博雅，于
深宁明道求通之意，固无所知。惟在彼两人，尚未有汉宋壁垒之
见，而终无免于汉宋壁垒之继起。徒务博雅考证，虽不为汉儒之
纷纷，亦以成此下清儒之拘拘，此亦学术史上一至可惋憾之
事也。

又同卷《小学绀珠序》有曰：

小学者，大学之基也。见末知本，因略致详，诵数以贯之，伦类以通之，博不杂，约不陋，可谓善学也矣。

深宁注重小学，显亦渊源朱子。然非清儒乾嘉以下之所谓小学也。

又《四明丛书》有陈余山辑深宁年谱，引《浚仪遗民自志》一文，乃深宁先期自为墓志，有曰：

制稿才弱，文不逮古。嗜学老不倦，为《困学纪闻》。汇次之书，有《诗考》《诗地理考》《汉艺文志考》《通鉴地理考》《地理通释》《通鉴答问》《集解践阼篇》《补注急就篇王会篇》。辑古今言行为家训。其文稿曰《深宁集》，然不足传也。

此乃深宁自道其毕生治学，于早年词科本不自满。而谢山《深宁学案》则曰：予之微嫌于深宁者，正以其词科习气未尽，固何为而必作此言乎？至于深宁自谓汇次诸书，亦非深宁所重。深宁所郑重提及者，则为其嗜学老不厌而所为之《困学纪闻》。其书经史湛深，明道经世，此下惟亭林《日知录》足以媲美，而谢山又必以为深宁独得吕学之大宗。又曰：其综罗文献，实师法东莱。不知《纪闻》一书，论其精神血脉，究与东莱为学有甚深之类似否。抑亦可谓厥后亭林之学，亦复师法东莱否。谢山《宋元学案》，其综罗文献之功，谓其师法东莱则可，其注意明清之际之乡邦文献，在当时，不可谓其无所得于深宁与亭林。然其为学之精神血脉，则固与深宁亭林不可相提并论矣。今可谓谢山之为《学案》，乃是其经史学之一种表现。而谢山之经史学，乃渊源于深宁亭林。而深宁亭林经史之学之别有其渊源，则谢山所不知也。

昔孟子论学，有亲炙与私淑艾之别。孔子以圣师垂教，七十弟子及门亲炙，斯诚旷世难觏之奇遇。然既生值同时，能尊所闻行所知则止，若求别有阐发，其事则难。抑且身在庐山中，不易识庐山之真面目。孔子惟赞颜回为好学，因颜子于孔子，所识特深。然使颜子获寿，后孔子而卒，恐亦于孔子之道未能别有所发明。何者，时代不相异，则其立言传教，自亦无可大相异也。孟子生后孔子百有余岁，时移世易，虽自曰私淑艾，若有异于及门之亲炙，然能发明孔子之道，使后世并称曰孔孟，则私淑之与亲炙，固虽异而并不异也。二程传道于伊洛之间，谢杨游尹及门亲炙者亦有徒矣，然必至朱子而后二程之说获以大明。朱子之于二程，亦已在百年四传之后，是亦私淑也。朱子及门亲炙之徒亦盛矣，然朱子殁，其徒亦尊所闻行所知而止，无有能大发明于朱子之学者。下及东发深宁，则亦三传四传几达百年之久矣。余今考论朱学流衍，首举东发深宁，盖以学术之传，非久无以见其变，非变无以见其通，非通亦无以大其传。朱子之学，传至于东发深宁，一若面貌全非，然其精神血脉，则固不失为朱子之嫡传也。

朱子之学，大率可分两途。一曰性理之学，一曰经史之学。性理之学，上接二程。伊川之称明道曰：先生生乎千四百年之后，得不传之学于遗经，以兴起斯文为己任，盖自孟子之后一人而已。今纵谓伊川之言可信，然子贡有言，文武之道，未坠于地，在人。贤者识其大者，不贤者识其小者。莫不有文武之道焉。夫子焉不学，而亦何常师之有。则岂可谓孟子以下千四百年，乃并无不贤识小者之存在乎！子贡又曰：夫子之文章，可得而闻也。夫子之言性与天道，不可得而闻也。是知孔子之教，固兼有性与天道与文章之两途。孔子前辈弟子中，惟颜子能言夫子博我以文，约我以礼，知兼两者而为学。子贡则曰，回也闻一以知十，赐也闻一以知二，是其着意已仅在于博文。不知孔子固曰：吾无隐乎尔，吾无行而不与二三子者是丘也。此乃孔子即在文章中见性道，即在博文中见约礼，而子贡不之知，故有孔子少言性与天道之疑。孔子后辈弟子中，有子曾子，偏于性道与约礼。子游子夏，偏于文章与博文。故孔子既以告子贡，复以告曾子，皆曰：吾道一以贯之也。

孟子似偏于性道一面，荀子则偏于文章一面。今纵谓性道之学，自孟子后千四百年无传人，至宋而有程子。然文章之传，则固千四百年未尝绝。亦岂可谓此千四百年文章之传，乃绝无性道之可见乎？朱子言性理，推尊其传自程子。而其经史之学，则跨越二程，直溯北宋诸儒以上接汉唐，固不得谓孔门无此文章一脉也。亦不得谓此文章一脉，乃绝无当于性道也。象山疑朱子为支离，即指其经史博文之一面。而自谓直承孟子。惟亦于明道无间言。此亦不得谓其非孔门约礼之一路。然于博文之教，则终无相当。

东发深宁二人，乃于朱学流衍中，能兼得博文约礼之二者。惟东发似稍偏于性道，深宁似稍偏于经史。然虽畸轻畸重，各求

一以贯之，固非偏于此而绝于彼。以深宁较之东莱与象山，深宁
博文之学，自可兼采并纳，而谢山必谓其综罗文献，兼取诸家，于
朱吕陆三家之学，和齐斟酌，不名一师，此或可谓乃谢山之自道，
而岂真知深宁为学之精神血脉所自乎。

东发深宁以下，元儒之于朱学，终不能不偏于博文一途。既
已仕于元为异族之臣，大节已亏，何论约礼。故如吴草庐，亦仅
能肆意于博文，然亦尚知理学渊源，乃转为朱陆和会之说，是亦
其心可谅，而绳之以朱学之正传，则终不能与东发深宁相拟。明
儒继起，惩元之弊，又转而薄文章，重性道，于是有如康斋敬斋，
月川敬轩整庵诸人，其于朱学，皆重性理，轻经史，偏向一边。于
是而有白沙阳明之崛起。白沙尊朱，阳明崇陆，要之其薄经史博
文之学而不为，则一也。东林高顾，力欲挽王返朱，然其于经史
博文之学，则亦终隔一间。

亭林桴亭，身为晚明遗民，激于民族大义，怵于亡国亡天下
之深痛，其抱道为学，一欲力反之于朱，而二人之为学亦各有偏。
亭林持论，谓性也命也天也，夫子之所罕言，而今之君子所恒言。
出处去就辞受取与之辨，孔子孟子之所恒言，而今之君子所罕
言。愚所谓圣人之道，曰：博学于文，行己有耻。盖其与深宁身
世同，故感慨亦同。《日知录》之成书，乃若最与《困学纪闻》相
似。然《日知录》书中屡引东发，少引深宁。斯则因性道约礼之
学贵能尊传统，经史博文则尚心得。故言性理，不当有背于孔
孟。言经史，则非孔孟之所能拘，此在朱子亦复如是。其言格
物，一遵二程，而《大学格物补传》，则固是其新创。黄梨洲言，
东发《日钞》之作，折衷诸儒，即于考亭，亦不敢苟同。其所自得

者深也。今但言文洁之上接考亭，岂知言哉。此则梨洲之自为不知言耳。而谢山承之，必以不名一师求深宁，此固不明学术大统之所在矣。

以桴亭《思辨录》较之亭林《日知录》，则桴亭之于性理与经史，约礼与博文，似偏重在前一路。要之亭林桴亭之学，于此性理经史约礼博文之二者，各能知一以贯之之意，此则可以上承东发深宁而无愧，亦不失为朱学之嫡传。继此以往，如王白田朱湘淘二人之学，虽亦同尊朱子，然湘淘重在阐发性理，白田重在考证经史，亦复各有所偏轻偏重。凡此诸家之有得于朱学之深浅，则一可于其偏轻偏重间之差别得失而判。至如吕晚村专以民族大义阐朱，虽亦不失为一遗民之知耻者，较之陆稼书之徒则胜矣。若论学术地位，所关者大，晚村尚不能比梨洲，固不能仅以一节而定也。

清儒之专治汉学，则始于元和惠氏。惠半农手书楹帖，曰：六经尊服郑，百行法程朱。既已时移世易，要之于满清为顺民，纵不当以深宁亭林知耻之义相责，纵不能以亡天下之大任绳之，然以汉学宋学显分为二，即不啻以性理约礼之学与经史博文显分为二矣。于是江郑堂既为《汉学师承记》，又为《宋学渊源记》，两记所收人物，乃绝然各别。尤可异者，《渊源记》中有朱泽沄，即湘淘，而更不见王白田。殆为白田以经史考证途径治朱子，故摈不得纳入于汉宋之两壁垒欤。而《师承记》之褒然居首者，则曰阎若璩胡渭。阎氏显然尊崇朱子，其为《古文尚书》辨伪，即承朱子而来。于王深宁亦特知崇重，故为《纪闻》特加笺注。其于亭林《日知录》，曾改正数事，此其重视亭林亦可知。所异者，仅知文章，未通性道，于约礼知耻一节，则有亏矣。江氏所谓汉学宋学之辨,岂亦仅在于此乎?而江氏书乃以黄宗羲顾炎武两人抑在汉学之卷末,又以黄宗羲居顾炎武之前。而曰:梨洲乃蕺山之学,矫良知之弊,以实践为主。亭林乃文清之裔,辨陆王之非,以朱子为宗。故两家之学,皆深入宋儒之室,但以汉学为不可废耳。此见其多骑墙之见,依违之言,岂真知灼见者哉。又曰:甲申乙酉之变,二君策名于波浪砺滩之上,窜身于榛莽穷谷之中,不顺天命,强挽人心。发蛙蝇之怒,奋螳螂之臂,以乌合之众,当王者之师,未有不败者矣。逮夫故土焦原,横流毒浪之后,尚自负东林之党人,犹效西台之恸哭。虽前朝之遗老,实周室之顽民。当名编熏胥之条,岂能入儒林之传哉。江氏之论如此,固无当于平章学术,而亡国之余,必继之以亡天下。学术不明,人道将绝,岂不显而易见乎。

故治汉学,则必反宋学,尤必反朱子,而元和惠氏不足当其任,仍必以休宁戴氏为之魁。此又学术流衍趋势所必至也。郑堂引戴氏之言曰:六经之至者道也。所以明道者辞也。所以成辞者字也。必由字以通其辞,由辞以通其道,乃可得之。于是所谓道者,乃只存字辞之训释,始与性理无关,身世无关,与出处去就辞受取与亦无关。然后异族顺民,乃始可以承当大道,无玷无愧。此又元清两代学术流衍所必有之趋势,所深值后人之警惕者。而后清儒崇汉学,治六经,乃必以许叔重之《说文解字》为小学,而学术亦重归于一途。

郑堂又论江慎修有曰:考永学行,乃一代通儒,戴君为作行状,称其学自汉经师康成后,罕其俦匹,非溢美之辞。然所著《乡党图考》《四书典林》,帖括之士窃其唾余,取高第,掇巍科者数百人，而永以明经终老于家。岂传所谓志与天地拟者，其人不祥欤？慎修此两书，亦仅用力于考据，与明道无关，而郑堂犹谓其志与天地拟，岂郑堂亦知明道之功，四书犹当在五经之上乎。又岂是表其惋惜之情，而非属讥讽之辞乎。抑《论语》之在两汉，列于小学，《孟子》则入儒家，不得附于六艺。故《论》《孟》在两汉，皆不得列博士，明与五经有别。尊四书与五经并，其事始于程朱，岂郑堂亦并此不知乎？又且慎修之《礼书纲目》，明承朱子而来，其为《近思录集注》，又明为尊朱之作，郑堂又奈何不知乎。岂亦以戴氏一言，乃不得不列之汉学之壁垒中乎？抑且东原之《孟子字义疏证》，亦仅能本孟子辨朱子，岂亦不知推尊孟子乃出宋学，非汉学乎？

乾嘉诸儒中，求其著书能略与深宁《困学纪闻》顾亭林《日知录》相拟者，惟有钱竹汀之《十驾斋养新录》。然竹汀固不菲薄宋儒与理学，抑于朱子有极深之推尊，是固不当仅以汉学与考据掩盖其一切。郑堂于竹汀则曰：戴编修震尝谓人曰：当代学者，吾以晓征为第二人。盖东原毅然以第一人自居。然东原之学，以肄经为宗，不读汉以后书。若先生，学究天人，博综群籍，自开国以来，蔚然一代儒宗也。以汉儒拟之，在高密之下，即贾逵服虔，亦瞠乎后矣，况不及贾服者哉。是郑堂之重博文，似亦知非治经一途可尽，亦似知竹汀之为学，未必即在东原之后。然而其所拟议，则亦惟高密贾服而止。似乎上下千古学术之大与富，亦惟有此诸人。乾嘉以下，学术分汉宋，即据江氏之书，亦可见其荒谬之何所至矣。

乃下迄民国，学者犹循守汉宋壁垒，并群认宋学义理为空疏，清儒考据，则谓有合于西方近代之科学方法。然如深宁之

《困学纪闻》,亭林之《日知录》,其考据皆俱甚深义旨,固已漫不理会。即如黄全两《学案》,亦有网罗考据之功,乃亦弃置不顾。乾嘉以下之专经著述,此乃清儒高抬汉学以后之代表作,乃亦未尝厝心。盖今人之治考据,复非清儒标榜为汉学之考据,而别自有其渊源。此则待后人有作中国学术史者所当为之重加论列也。

此稿刊载于一九七四年十一月

《东方杂志》复刊八卷五期

〔附〕读罗璧《识遗》

《四库全书·子部·杂家》有罗璧《识遗》十卷,《提要》云:

> 璧字子苍,号哩耕,新安人。宋史无传。据书中引陈传寒在五更头之讖,称第五庚申后又十五年而祚移,则其成书在宋亡以后,其人盖宗仰程朱之学者。如谓宋文章多粹,自伊洛发明孔孟,便觉欧苏气焰不长,又谓夫子之道,至晦翁而集大成。诸家经解,自晦翁断定,然后一出于正云云,其本指可见。然其所说,则多引经述史,考订异同,而不屑为性命之空谈,故其议论,往往精博可取。

今按:"寒在五更头"一条,见本书卷十,谓宋以庚申起运,将及第五庚申,而己未警于江,又五年理宗薨,十年祚移是也。

书末有"隆庆改元三祀姑苏方山吴岫识",谓是书:

考据确而精，论断审而正，宋元著述家多援引之。然传写日久，间有亥豕脱亡，欲借一善本订之，遍索海内无有应。故藏于箧中六十年余，亦不轻以借人。

凡罗氏为人与其书之可考见者，仅此而已。全谢山《宋元学案》无其人。王梓材冯云濠所编《宋元学案补遗》有之，入四十九卷《晦翁学案补遗·朱学续传》，然仅据《四库提要》，别无其他发现。惟谓考《元史》，别有罗璧，字仲玉、镇江人。从朱祀孙入蜀，仕至都水监，如此而已。

今按：《识遗》卷二有"担头上看花"一条，谓：

> 魏鹤山云：人须将三代以前规模在胸次，一一从圣经看来，庶亲到地位。若只在诸儒脚下盘旋，终不济事。缘担头上看花，终不若树枝头天然活精神也。此语盖为舍六经泥训诂者发。朱文公亦谓，《诗》《易》之类，多为先儒穿凿所坏，使人不见当时立言本意，人须是虚心平气，于本文之下不要留一字，惟本文本意是求，则圣贤之指得矣。

是罗氏治学实有跨越诸儒直探六经之意。其书中治经，皆能本此意态，故每有创见。如卷一《成书得书难》一条有云：

> 汉武至前晋几五百余年间，歆向父子披群书甚精，不应孔书皆不传，直逮晋始得之，故或者亦疑梅赜之伪。

此虽非有精密之考据,然敢疑伪孔,其言当尚在吴草庐之前。

又卷三"《左传》非丘明"条云:

> 左氏端为战国时人。当战国时,齐有邹衍著书,推五德之运,以符应为验。昭九年哀九年云云,皆与邹子同意。三家分晋后,十二次之说行,昭十一年襄二十八年云云皆与之合。又如郑人对晋曰尝酖,宫之奇曰虞不腊,及秦不更女父秦庶长鲍,皆出春秋后。

此皆清儒辨左氏非丘明之证,而本书亦已早发之。

又卷五"秦后六经"条有云:

> 汉儒林传叙诸经,各有传授,《周礼》独无之。孔子于礼多从周,使周公礼书如此周详,当不切切于杞宋求夏商遗礼。与夫逆为继周损益之辞。又《左传》《论语》皆晚周书。胡俱无一语援《周礼》。

此疑《周礼》,引司马温公胡致堂胡五峰苏颍滨晁说之洪容斋诸家,实宋儒除李泰伯王荆公以外之共同意见也。

又卷五"泮水辟雍"条有云:

> 《泮水》一诗,释者例以学校明之,其说实肇于汉儒《王制》。《文王有声》言镐京辟雍,诗中述文王筑城作丰事,亦于学无预。又上章曰"皇王维辟",辟为君无疑。释者例以

辟雍为学，皆误于汉儒《王制》也。

朱子亦以辟雍说学校，罗氏极尊朱子，而其说辟雍，别出新解，亦证其能不拘拘守一先生之言。

又卷五"汉儒言礼"条，言：

> 汉儒言礼，多不近人情。若夫养老，《诗》述成王养老乞言之礼，曰肆筵授几，酒醴惟醹。又不然，厚其禄赐，如孟子，欲有谋焉则就之，足矣。今《记》曰：躬亲侍膳，袒而割牲，执酱而馈，执爵而酳，着冕持干而立，此直委巷之谈，宜乎后世行之惟艰也。

此条四库馆臣讥之为无稽。实则确有见地，罗氏之敢于疑经，宜非寻常拘儒所及矣。

卷八"经解"条有曰：

> 六经之道，至夫子而集大成。夫子之道，至晦翁而集大成。诸家经解，前后不一，自断定于晦翁，然后一出于正。后学傥非经指授，则泛滥诸家，其谁适从。

是罗氏胆敢疑经，而终奉朱子为依归，诸家异说据以断定。所以虽于经义多所驳难辨正，要自与泛滥横决者不同。

又卷六有"阙疑"条，谓：

宋儒释经,高出前古者,以不袭汉晋以来训诂旧脚迹,及溺于谶纬巫怪之说。考其同异,正其讹谬,析之以理,然亦有过处。寥寥千古,焚于秦,杂于汉。所谓六经皆未全之书是也。而必证三代之是,则几于凿。独朱文公尝著阙疑之说。朱文公于《易》有疑,亦谓上无闻于义理之本原,下无资于人事之训戒,何必苦心极力以求之,斯言足警谈玄索怪者矣。

罗氏尚考订而知阙疑,此又其杰出处也。又同卷有"读书致用"条,谓:

学贵知要,不在贪多。用贵适时,不专泥古。然后为善读书。若近时理学诸贤,于心性切切究论,又未免有刍狗事为之弊。傥不经世,与记诵词章均为无补。故书益多,效益寡。

此条主读书贵适时致用,不泥古,不沉溺常滞于同时理学心性之谈,亦见其为学非追逐时尚之类。又同卷有"迂阔"条,谓:

儒本六经言,往往张皇于安平之日。及事至而为之图,必推迹祸原乱本之所在,察其端萌而图之,而舍经行权,又所不屑。故见儒之迂阔,乃大远之谋谟,深长之思虑也。余谓时君世主,仓卒名知务者,闲暇多迂阔。儒者仓卒似迂阔,而闲暇则知务也。

此条持论尤具深识。会读上引三条，约略可知罗氏治学之大要。其他尚可与此三条之旨相发者。如卷四有"识其大者"条，谓：

> 昔人论治必首三代，论人必希圣贤，论文必本六经，非过于矫亢也。

又卷一有"孔门多才"条，谓：

> 胡氏谓伊洛发明，然后人知孔孟可学而至。视汉晋以来儒者有间矣，至紫阳，集诸家之大成。其精本之义理，其粗究之经济，尝书储才之说。物有不求，未有无物之岁。人有不用，未有无才之时。特无教无孔子，而取之之说又不大公尔。

此条见罗氏虽不切切究论心性，而于理学大宗旨所在实未忽视。凡本书论学，大致如上引。尚义理则重六经，尚经济则重群史。故本书多引经述史之言，可谓知以经学史学并重者。

又卷二有"三大处置"条，谓：

> 汉初病于诸侯强大，至父偃建分王诸侯子弟之说，诸侯遂弱。唐衰，病于藩镇跋扈，赵普建收其精兵制其钱谷之计，藩镇遂消。宋南渡息兵，张韩刘岳，拥兵方面不释，秦桧各除枢密使召之，由是兵权去手。偃之说，贾谊发之。普之说，乌重胤发之。桧之策，范同言之。但偃普忠谋，桧则奸

谋也。

此条可证本书论史,实能于经济义理兼顾并重也。

卷一"史笔"条有云:

> 叙列人物,传褒之者赞贬之。赞称美者传无载。盖人非尧舜,安能尽美。作史之道当尔,劝惩之意因寓焉。苏兆泉曰:马迁《廉颇传》,不载其议阏与之失,而见于《赵奢传》。《郦食其传》不载其谋挠楚权之缪,而载之《留侯传》。《周勃传》不载其汗出沾背之耻,而载之《王陵传》。《董仲舒传》不载其和亲之疏,而载之《匈奴传》。四臣若功十而过一,不欲因一以疵十,乃与善之意也。论苏秦曰其智过人,论北宫伯子爱人长者,班固赞张汤曰推贤扬善。诸人者,过十而功一,并其一废之,是塞人自新之路,而坚其肆恶之心。惩要不已甚乎。后之读者,宁复识哉。

此条亦见本书论史,时时不忘义理之证。而其言实发前人所未道。

其他如卷八"辨轩辕非黄帝"条,卷一"辨孔子不师老聃"条,卷六"辨蜡腊异祭"条,其他又如卷二"寅正非夏正改朔"条,凡以史事证经义者极多,益知罗氏之学实承理学来,惟不喜谈心性,专治经史,故于理学中乃独尊朱子。不及北宋周张二程四家。窃谓其学应与王伯厚《困学纪闻》相似。惟不如王氏之博大,又王氏入元久,其著书深寓亡国遗民之痛,罗氏则似入元未久即卒，又或其年寿不长，其书当大部成于宋代未亡前危殆之际，故不能如王氏之宏通而深沉也。惜其名字湮沉，事迹无考，姑为钩稽其书之要略如上。

此稿刊载于一九七六年七月
《幼狮月刊》四十四卷一期

吴草庐学述

朱子后阐扬朱学,于学术史上有贡献者,宋末必举黄震东发,明代必举罗允升整庵,清初必举陆世仪桴亭。此三人虽所诣各不同,要为能得朱子学之大体及精旨所在。然元代有吴澄草庐,当时有北许南吴之称。许衡先仕于元,提倡朱学,亦不为无功。然论学问著述,惟草庐堪称巨擘,是亦不可以无述。

《宋元学案》有《草庐学案》,黄梓材谓是卷多仍黄氏之旧。余尝遍翻草庐全集一百卷,其中要义,黄氏采摭殆尽。前儒读书谨密,即此可见。本文自抒观点,称引多出黄氏外,然不害黄氏此一案选择之精审,读者其兼观焉可也。

草庐生宋理宗淳祐九年己酉(西元一二四九),距朱子卒四十九年,下距南宋亡三十年。东发卒于宋亡后一年。刘因静修程文海钜夫,皆与草庐同年生。静修风节峻邈,似非草庐所及。然钜夫始强起草庐于元廷,草庐即以母老辞归。后虽屡经屈仕,草庐意终不属。其与鲁斋出处终是异趋。据虞集《道园学古录·草庐行状》,草庐十岁,得朱子《大学》等书读之,恍然知为学之要。必日诵《大学》二十过，如是者三年。次第读《论语》《孟子》《中庸》，专勤亦如之。是草庐幼年为学，乃从朱子四书入门。年十九，有与人书曰：

> 天生豪杰之士不数也。战国之时，孔子徒党尽矣，杨墨之徒又滔滔，而孟子生乎其时，独愿学孔子，而卒得其传。当斯时也，旷古一人而已，真豪杰之士也。孟子没千有余年，溺于俗儒之陋习，淫于老佛之异教，至于周程张邵一时迭出，非豪杰其孰能与于斯乎。又百年而朱子集数子之大成，则中兴之豪杰也。以绍朱子之统自任者，果有其人乎。

又著说曰：

> 道之大原出于天，圣神继之。尧舜而上，道之元也。尧舜而下，其亨也。洙泗鲁邹，其利也。濂洛关闽，其贞也。分而言之，上古则羲皇其元，尧舜其亨乎。禹汤其利，文武周公其贞乎？中古之统，仲尼其元，颜曾其亨，子思其利，孟子其贞乎。近古之统，周子其元也，程张其亨也，朱子其利也，孰为今日之贞乎？

道园曰：是时先生方弱冠，而有志自任如此。此后岁星一周，宋室遽亡。天翻地转，社会情势已大变。余读草庐集，颇多应酬文字。孔子曰：我非斯人之徒与而谁与，朱子生平，在朝日少，在野日多，然凡所交接，或公或私，朋徒门人，切琢讨论，则莫非以道

义学术为主。故其文集一百二十卷,即应酬,即著述。而朱子学
之宏博精深,及其与年俱进之概,胥可于是睹之。草庐自易代
后,即息影田园,凡所交接,见于文集者,约略分别,一则曰诗人。
盖元初未有科举,南人更所歧视,一时读书人,相率寄情吟咏,以
诗歌为逋逃薮,亦为不失风雅。次则为医生。挟歧黄术糊口。
不为良相,为良医,亦以救世。又次则琴士画师,乃至方外道士
相士卜者之流。更次则风水相地,此风乃特盛于江西。草庐纵
以上承朱子学统自任,然时代已非,前拟之东发,后拟之整庵,背
景皆远不如。陆桴亭在清初,其时江南理学风气亦尚盛,处境亦
非草庐所能企及。学术兴衰,关于时运。知人论世,此当于草庐
致慨叹也。

草庐之生,理学未绝,而讲学之风则已衰,故东发以下如王
伯厚,胡身之,皆从事博读,未闻讲学。即谢枋得文天祥,亦未参
讲席。草庐早年亦多致力于记诵,不见师友之会讲。尝为尊德
性道问学记有曰:

> 止于训诂之精,讲说之密,如北溪之陈,双峰之饶,与彼
> 记诵词章之伪学相去何能以寸。圣学大明于宋代,而踵其
> 后者如此,可叹已。澄也,钻研于文义,毫分缕析,每犹以陈
> 为未精,饶为未密也。堕此窠臼之中,垂四十年而始觉
> 其非。

草庐虽遵朱学,而菲薄陈饶,可觇其为学之一面。其《语要》
又曰:

> 通天地人曰儒，一物不知，一事不能，耻也。洞观时变，不可无经。广求名理，不可无诸子。游戏词林，不可无诸集。旁通多识，不可无纪录。而其要在圣人之经。圣人之经，非如史子文集杂记杂录之供涉猎而已。必饮而醉其醇，食而饱其藏，斯可矣。

此可窥草庐为学之又一面。草庐虽能摆脱朱学末流文义缠绕之窠臼，然其于四部书，则归重在经。其于文史，则曰游戏词林，旁通多识，似乎未得朱子论学本末内外体用兼赅之精义。不论黄氏《日钞》于文史两业之致力，即伯厚，身之，其史学成就，皆在宋亡之前。至于文章诗词，经历胡元之淫威，其能寄亡国之痛，抒麦苗之思者，盖亦鲜有。草庐年方而立，即遭易世，故其为学，门墙虽立，宫室未美，而遽为时代所摧折。其未能接迹前修，亦可悯不可责也。

据《行状》，宋末，草庐奉亲避地，弗宁厥居，得乐安乡贡进士郑松之招，隐居布水谷。乃注释《孝经章句》，校定《易》《诗》《书》《春秋》，修正《仪礼》及大小《戴记》。至元世祖至元二十年，始自布水谷还居草庐。此数年中所潜心致力者，直迄于老，终成《五经纂言》。为草庐一生治学之大业绩。黄百家主一评之曰：

> 朱子门人多习成说，深通经术者甚少。草庐《五经纂言》，有功经术，接武建阳，非北溪诸人可及。

窃意主一此评，实未深允。盖由未能深窥朱子论学渊旨。朱子于五经，自为《易本义》与《诗集传》，而自譬为鸡肋。于《春秋》，既言大旨可见，无难晓。又云：难看，无理会处。朱子从不劝人读《易》《春秋》。于《书》则云多不可解。于《礼》，晚年作《仪礼经传通解》，自为发凡起例，乃群弟子众力纂辑。并亦未臻成书而卒。草庐论之曰：

> 《经传通解》，乃其编类草藁，将俟丧祭礼毕而笔削焉。无禄弗逮，遂为万世缺典，每伏读而为之惋惜。

又曰：

> 五经之中，其未为诸儒所乱者，惟二《礼经》。然三百三千，不存盖十之八九矣。朱子补其遗缺，则编类之初，不得不以《仪礼》为纲而各疏其下。脱藁之后，必将有所科别，决不但如今藁本而已。若执藁本为定，而以《后记》、《补传》分隶于其左，与《彖》、《象传》之附《易经》者，有以异乎。与《左氏传》之附《春秋经》者，有以异乎。《易》《诗》《书》《春秋》之四经既幸而正，而《仪礼》一经，又不幸而乱，是岂朱子之所以相遗经者哉。

此评实自有见。惟朱子治礼，不贵泥古，求通今，谓即且从俗，亦无甚害。故曰：今所集礼书，也只是略存古之制度，使后人自去减杀，求其可行者而已。则朱子之集礼书，其意决不如草庐所谓之相遗经,其间区别,判然甚显。

抑且朱子功力之流注于五经者,每以考据为多。而发挥义理,则重在四书。朱子撰述,惟《四书集注章句》最所用力。而《论语集注》更为毕生精力所萃。《大学章句》,则为其晚年惬意之作。朱子既以《语》《孟》《学》《庸》四书上侪五经,而教人治学,则必先四书。惟四书之学,贵能躬修实践。当时朱子门人,研玩四书,每有所疑,屡有问辨。朱子亦于其所为集注章句,屡有修正。见于《语类》,斑斑可考。故当时一门师弟子讲学中心,实偏重在四书。及朱子身后,门弟子遵承师旨,除蔡沈禀遗命为《书传》外,盖皆于五经致力为少。然求能于朱子《四书集注章句》更有补充阐扬,事非易为。草庐以钻研文义毫分缕析不满于朱门,此亦宜然。而黄百家乃以朱子门人多习成说深通经术者少为病,此自后人之见,不得以草庐之孜孜穷经,即谓是接武建阳也。

南宋末季,往日诸先辈吃紧为人,注意躬修实践,每拈四书语句为群居讨论讲学之风,既已渐趋衰歇。若专就文义钻研,则面目依然,而精神已非。亦于朱子教人治四书之精神,甚难有释回增美之处。姑举一例说之。如《论语集注》于与点一章,屡经改易,而终未达于圆满无憾之境。惟《黄氏日钞》说此,谓:

> 夫子以行道救世为心,而时不我与,方与二三子相讲明于寂寞之滨。而忽闻曾点浴沂之言,若有独契于浮海居夷之志,饮水曲肱之乐,故不觉喟然而叹。盖其意之所感者深矣。

此一条,阐说孔子当年心事,最为精惬,为朱子《集注》所未及。草庐亦曾阐此章,其《宋沂字说篇》有曰:

> 予观四子言志,而圣人独与曾点,何哉。三子皆言他日之所能为,而曾点但言今日之所得为。期所期于后,未若安所安于今也。夫此道之体,充满无毫毛之缺。此道之用,流逝无须臾之停。苟有见乎是,则出王游衍皆天也。素其位而行,无所愿乎外。夫子之乐,在饭疏饮水之中。颜子之乐,虽箪瓢陋巷而不改也。邵子曰:在朝廷行朝廷事,在林下行林下事,其知曾点之乐者与。凡人皆当志于圣,逊第一等而为第二等,比于自暴自弃。

此所阐说,非无理据,然于《论语》本章喟然叹曰四字之神情,终欠拍合。故必以东发所言为得本章之正解。东发早生于草庐近四十年。金之亡,东发已生二十二年。在东发之世,固已国运日颓,时事日非。然东发治学,要为有一番行道救世之心。时不我与,故于此章夫子喟然之一叹,能有深感。草庐说此章,究在何年,虽不可考,要是在宋社既屋之后,方绝意仕进,故曰期所期于后,不若安所安于今,乃深赏康节在林下行林下事之语。论其出处,固不失为一贤者。然于孔子当年一番行道救世之心情,则不免已冲淡,而专寻孔子之乐于饭疏饮水中。后之学者,知人论世,固不当于草庐致深责。惟草庐言凡人当志于圣,逊第一等而为第二等,比于自暴自弃。若果认在林下行林下事即为第一等之圣学,则决非明道论学之士所许也。

朱子表彰四书,奉孔孟以为明道救世之本,渊源所自,乃北宋之周张二程。朱子论学,重传统,亦重进步。其阐《易》义,似不如其阐濂溪《太极图说》与横渠《正蒙》之用力。其于《尚书》《春秋》,则劝学者不如循之以治史。其修《礼》书,则特略存古礼以备后起之参考。惟四书最为切实而可依,晓畅而可寻。其次为史学,为文学,皆有志从事于明道救世之业者所不可忽。草庐以十龄幼童,即知尊朱子,日诵四书,以渐进于明道救世之抱负。在其二十七岁时,尝作草屋数椽而题其牖曰:抱膝梁父吟,浩歌出师表。程钜夫知其意,遂题其居曰草庐。是草庐在当时,已知宋室将亡,而尚自有用世之想也。不意越四年而宋遂亡,草庐适年三十一,山崩海竭,形势全非。草庐以幼慧敏勤之姿,其于所学,纵是涵养未深,而感受已厚。一旦遭此打击,往日梁父吟出师表之意兴,至是殆不复存在。斯其所影响于草庐之内心深处者又当何如。乃今读其文集,亡国之痛,生民涂炭之苦,陆沉之悲,字里行间,似乎亦渺不可得。其所以为含茹消化之经过,固非异世之所能想象。而草庐此下之学术转变,则仍可纵迹而求。

其为《静渊说》,已当草庐八十之晚年。乃曰:

> 鲁国颜子,汝南周子,河南程子,予在幼弱,志在晞三子。

此与其解释《论语》与点一叹,岂不见草庐在元代时之心情,固已昭然若揭乎。考行状,草庐十五岁,见朱子《训子帖》,有勤谨二字,如得面命而服行之,作勤谨二铭。又作《敬铭》,又作《和铭》,极言周子程伯子气象以自勉。常自言曰:读《和铭》,心神怡旷,万境皆融,有弄月吟风情,有傍花随柳想,熙熙乎其似春,而不知手之舞足之蹈。是草庐早年,于濂溪明道之为学与为人,殆是性气所近,而别有一番体悟。及遭世变,乃于此更深寻也。

又曾为《敬义斋说》,曰:

> 予之愚骏,自少妄有志于程子之学。

又为《敬堂说》,曰:

> 尝有志于程学。

道园《行状》又曰:

> 元贞元年八月游豫章,元明善见,先生使读《程氏遗书》《近思录》,明善反复玩味,他日见先生,曰:先生之学,程子之学也,愿为弟子受业终其身。

是年,草庐年四十七,元兴已十六年。草庐当时固是标程学以教人,学者亦以程学名之。

又为《姜河道原字说》,有曰:

> 近世程子,受学于周子。太极一图,道之大原也。程子

之所手受,而终身秘藏,一语曾莫之及。宁非有深虑乎?朱子演绎推明之后,此图家传人诵。宋末之儒,高谈性命者比比,谁是真知实行之人。盖有不胜之弊者矣。

即此可见草庐以身历巨变,惩创之深。回念前尘,感怆无限。宋末诸儒,尚多高谈性命,而少真知实行。朱子之演绎推明,有转不如程子之秘藏不语者。故在程则谓之有深虑,在朱则谓其有不胜之弊。其言之洵有当于事实与否可不论,而其内心之郁痛,意态之剧变,则正可于此推之。故道园《行述》又曰:先生方弱冠,有志自任以朱学之统,而其后尝识此两文之后,曰:其见多未定之见,其言多有病之言,然不忍弃去,录而藏之,则晚年所进自此可考云云。两文已见上引。后之学者不深考,每目草庐为朱学。不知深究有宋一代之理学者,必知程朱之间亦有相异,不当混并而一言之也。

抑草庐之学,实别有一渊源,则为邵康节,此当稍加揭发。其为《约斋记》有曰:

> 康节邵子伟然为百代人豪。予每尚友其人,尊之之至,慕之之深,而不能自已。

又为《明经书院记》有曰:

> 必共城邵子,必舂陵周子,必关西张子,必河南二程子,而后为真儒之明经。嗣邵周张程者,新安朱子也。

此以朱子上承邵周张程五人之后,语气间,于朱子不见有特殊之推崇,而跻康节于濂溪之上。言年辈,固是康节早生七年,然据惯例,则草庐此处之盛尊康节,可谓迥不寻常。故揭奚斯为草庐作《神道碑》,谓深造极诣,犹莫尚于邵子。而道园《行状》则谓草庐以邵子为孔子以来一人而已,盖其于邵子之学,深有所会悟也。此皆草庐同时人于草庐有深知,故能云此。而危素为《草庐年谱》,记草庐在十九岁即作《皇极经世续书》。是证草庐幼年为学之别一渊源。上引其弱冠前与人书,毅然欲以绍朱子统自任,而又曰:

> 澄之龆龀,惟大父家庭之训是闻。及知圣贤之学,而又欲推之以尧舜其君民而后已。实用其力于斯,豁然似有所见,坦然知其易行,而力小任重,固未敢自以为是。

岂料才十稔之转变,而所谓坦然知其易行者,固已大谬而不然。草庐大父铎,危素《年谱》称其精通天文星历之学,宽厚不屑细务。疑铎之为学,必有得于康节,故草庐早岁,即留心《皇极经世》之书。此后大局已变,草庐于康节之学乃更所究心。故道园《行述》,又称草庐尤有得于邵子之学也。又称,大德元年,草庐辞元廷之召,有书致廷臣曰:

> 夫子劝漆雕开仕,对以吾斯之未能信,而夫子说之者深。澄敢不以古贤人之所以自处者自勉。继以邵子之诗,曰:幸逢尧舜为真主,且放巢由作外臣。澄虽不敏,愿自附

于前修。

则草庐当时之深有意乎康节，固别自有其身世之隐痛，亦居然可见矣。是年，草庐经敦迫，终未一至京师。

又据《行状》，大德九年，校定邵子之书，十年十月出仕。十一年正月朔，即以疾辞去。留清都馆，与门人论及《老子》《庄子》《太玄》等书之本旨，因正其讹伪而著其说。草庐于老庄皆有深诣。此皆从康节转来，亦自于其身世有不可畅言之隐痛，而姑寄焉以为说也。曾为《虚舟说》有曰：

> 庄老以无心待物，圣人以公心应物。其心公，虽曰有心，亦若无心。

此欲以孔孟会庄老，以公心转无心。当知在草庐心中，实蕴有一番深苦，曲折以达于自安。草庐之于当世，亦有心，亦无心。由于身世隐痛，而逼出此一番义理。后人不能设身处地，徒认为是一种名理深谈，则何足以当知人论学之任乎！同时刘静修为《退斋记》，谓世有挟老子之术以往者。全谢山为书后，考其所指即许鲁斋。然鲁斋立言固在程朱，不及老庄。草庐之出仕，其行迹近于许，远于刘，而草庐不自讳匿其深治老庄，此亦其为人为学之俊伟光明处也。

其为《太玄章句》则曰：

> 《太玄》之书，其文艰深，读之者少。然邵子于其数，实

有取焉。

则其治《太玄》，亦自康节转来。然草庐之所抱以终身者，则终自与庄老子云三人为不同，尚论之士，于此当明辨也。

朱子为《六先生画像赞》，于周张二程外，复增康节与司马温公，此见朱子论学涂辙之广大。其为《伊洛渊源录》无康节，此因康节与二程学术究不同。而朱子又深不以二程之不向康节问求数学为不然。朱子为《易本义》，又续为《易启蒙》，更深取于康节，而尤尊信康节之《先天图》，所谓邵传牺画，程演周经，象数义理，分疏兼包。东发推尊朱子，乃于朱子之《易》学独所不契，分别伊川康节，而主以伊川为归。草庐治《易》，则承朱子意而更为发挥，故曰：

> 世儒诵习，知有《周易》而已。羲皇之图，鲜获传授，而沦没于方技家。虽其说具见于夫子之《系辞》《说卦》，而读者莫之察也。至宋邵子，始得而发挥之，于是人乃知有羲皇之《易》，而学《易》者不断自文王周公始。

然草庐于康节，终是别有会心。其治《易》，虽亦本诸朱子，而要自与朱子用心又不同。此贵乎深心好学之士之微辨而默会也。

危素《年谱》则曰：

> 公潜心邵子之书，每病夫昧者流为术数之末，遂以先天六十四卦分配一元之数，推治乱相禅之由而为《皇极经世

续书》，兵火后散轶不存。

今其书既不传，自亦无可深论。然既在推治乱相禅，则与其欲以绍朱子学统自任之意亦可相通。逮其校定邵子书，危素《年谱》有曰：

> 公尝谓邵子著书，一本于《易》，直可上接羲文周孔之传，非术数之比。其能前知，在人不在书，在心不在数。

此则推尊康节益为深至。欲以为孔子后一人，自不宜以术数范围也。

草庐之潜心《易》学，自亦与其尊崇康节有关。草庐尝自言，吾于《易》书用功至久。又曰，吾于《书》，有功于世为犹小，吾于《易》，有功于世为最大。道园《行状》，谓草庐于《易》，学之五十余年，成《易纂言外翼》，在其八十一之年。则其潜心《易》学，正在宋元易代，避地稳居之中，亦居可知。《行状》称其在元贞元年游豫章，郝文明迎入城，请学《易》，是时草庐固自以治《易》名世矣。而草庐治《易》，尚自有其微意可说者。草庐《语要》有曰：

> 时之为时，莫备于《易》。程子谓之随时变易以从道。夫子传六十四象，独于十二卦发其凡，而赞其时与时义时用之大。一卦一时，则六十四时不同也。一爻一时，则三百八十四时不同也。始于乾之乾，终于未济之未济，则四千九十

六时各有所值，引而伸，触类而长，时之百千万变无穷，而吾
之所以时其时者，则一而已。

此一条语，最见草庐治《易》要旨，与其入元以后五十年来为学
之苦心密诣。草庐之时，则既非文周孔孟之时，亦非濂溪横渠明
道伊川之时，复亦非朱子之时，并亦非其弱冠前以朱子之统自
任，与其抱膝梁父吟，浩歌出师表之时。而草庐之所以时其时
者，在彼自谓，固无异于文周孔孟周张程朱之所为。此草庐所以
自入元以来，独于《易》之一书为致力勤而用心切。故其《语要》
又谓洞观时变，不可无经，其意乃尤重于指《易》而言之。故知
草庐之治五经，乃是于《易》之一经连带引申而来，此虽未有确
证，要可微窥而知者。

草庐之为《五经纂言》，实其毕生精力所萃，至于晚年卒岁
而始有成书。《行状》有云：

其于《易》学，大旨宗乎周邵，而义理则本诸程传。其
校定用东莱吕氏之本，而修正其缺衍谬误。其《纂言》则纂
古今人之言，大概因朱子象占之说，而益广其精微。

是草庐治《易》，实亦汇通两宋理学，与后来清儒治经用意判然
有别。草庐复作《外翼》，乃以详《纂言》之义例。

其于《书》，定以伏生所传自为一卷，不以所谓古文者杂之。
则因吴才老朱子所疑，确然以古文为伪，实以草庐为首。后人称
其见之卓。集中并有驳正蔡沈《集传》之文。金仁山亦谓，蔡

《传》成于文公既没之后，门人语录未萃以前，或不无遗漏放失之憾。而草庐则指出蔡《传》之明背朱子处，是亦其《书》学之贡献也。

其于《诗》，则以为朱子传其七八，其有余论，则门人传其言，未及集录，故无纂言之作。

其于《春秋》，则取近代儒者特见之明，以破往昔诸家传注穿凿之陋。其《序说》有曰：

> 汉儒专门，守残护缺，不合不公。唐赵氏所定三传异同，予夺未能悉当。今则如朱氏意，专以左氏为主。傥义有不然。则从其是。

其于《礼》，《序说》有曰：

> 《仪礼》十七篇，并如郑氏本，更不间以他篇。朱子所辑，及黄氏《丧礼》杨氏《祭礼》，参伍以去其重复，名曰《朱氏记》，而与二戴为三。苟非其人，礼不虚行，下学而上达，多学而一贯，以得夫尧舜禹汤文武周孔之心，俾吾朱子之学，末流不至为汉儒，学者事也。

综观上引，草庐经学，明承两宋理学，与此下清儒治经有辨。而其《五经纂言》之规模与纲宗，实一本朱子。其毕生为学，依然是朱子精神，亦可于是觇之。其所以退四书而进五经，若与朱子所论轩轾倒转，则所处时代相异，而为学之心情有不同耳。

《行状》又曰：

武宗至大元年，除从仕郎国子监丞，朝命行省敦遣。二年六月到官。先是世祖时，许文正公自中书出为祭酒，始以所得朱子小学躬尊信之以训授弟子，继之者多其门人，犹能守其法。久之，浸失其旧。先生既至，深闵乎学者之日就荒唐而徒从事于利诱也，思有以作新之。于是六馆诸生知所趋向。四年，武皇宾天，仁宗即位，尚书省罢先生。盖先生尝为学者言，朱子道问学工夫多，陆子静却以尊德性为主。问学不本于德性，则其弊偏于言语训释之末，果如陆子静所言矣。今学者当以尊德性为本，庶几得之。议者遂以先生为陆学，非许氏尊信朱子之义。然为之辞耳，初亦莫知朱陆之为何如也。

又曰：

呜呼！孟子殁千五百年，而周子出，河南两程子得其传。时则有若张子，精思以致其道。其迥出千古，则又有邵子焉。奈何世运衰微，民生寡佑，而乱亡随之。斯道之南，又得朱子。百有余年间师弟子之言，折衷无复遗憾。求之书，盖所谓集大成者。时则有若陆子静氏超然有得于孟子先立乎其大者之旨，其于斯文，互有发明，学者于焉可以见其全体大用之盛。而二家门人区区异同相胜之浅见，盖无足论。朱子以来又将百年，为其学者，毫分缕析，日以增盛，曾不足少救伪学利欲之祸，而宋遂亡矣。先生之生，炎运垂息，自其髫龀，状异常人。盛年英迈，自任以天下斯文之重，盖不可御也。摧折穷山，壮志莫遂。艰难避地，垂十数年。历观近代进学之勇，其孰能过之。南北未一，许文正公先得朱子之书于边境，伏读而深信之，持其说以事世祖皇帝，儒者之道不废，许公实启之。先生自布衣用大臣荐，出处久速，道义以之。稽其立朝之日，未尝有三年淹。施教成均，师道尊重。劝讲内廷，诚意深远。与大议，论大事，虽可概见，而无悠久浃洽之功者，非人之所能为也。

道园此文，叙述两宋道学统绪，与夫草庐毕生志学之经过，以及其出处大概，辞不畅竭，语多涵蓄。要之可谓得草庐之心志，亦略见当时一辈儒生同所内蕴之幽情。而其中涉及朱陆异同一节，后世论学者，乃以草庐为调和朱陆，或竟以为陆学，则殆所谓皮相之见也。

草庐《仙城本心楼记》有曰：

人之生也，以天地之气凝聚而有形。以天地之理付畀而有心。心也者，形之主宰，性之郛廓也。自尧汤文武周公传之以至于孔子，其道同。道之为道具于心，岂有外心而求道者哉。而孔子教人，未尝直言心体。操舍存亡惟心之谓，孔子之言也，而其言不见于《论语》，而得于孟子之传。孟子传孔子之道，而患学者之失其本心也，于是始明指本心以教人。其言曰：仁人心也。放其心而不知求，哀哉。又曰：

学问之道无他,求其放心而已矣。又曰:耳目之官不思而蔽于物,心之官则思,先立乎其大者,则其小者不能夺也。此陆子之学所从出也。孟子言心而谓之本心者,以为万理之所根,犹草木之有本,而苗茎枝叶皆由是以生也。今人谈陆子之学,往往曰以本心为学,而问其所以,则莫能知陆子之所以为学者何如,是本心二字,徒习闻其名,而未究竟其实也。以心而学,非特陆子为然,尧舜禹汤文武周孔颜曾思孟以逮周程张邵诸子,莫不皆然。故独指陆子之学为本心学者,非知圣人之道者也。应接酬酢千变万化,无一而非本心之发见。于此而见天理之当然,是之谓不失其本心,非专离去事物,寂然不动,以固守其心而已也。

此文以尧舜孔孟周程张邵相传,皆为心学,不得独指陆子为心学,则治象山学者,即不得自逃自异于自古之道统与学统矣。举北宋诸儒必及康节,此证草庐之独有会心。举历古道统学统,而不数朱子,然本文首尾,皆朱子所已言而常言,故知乃以泯门户,矫时弊,非以辨是非,寓贬褒。其意可微窥而知也。

草庐又言曰:

学孰为要,孰为至,心是已。孟子始直指而言先立乎其大者。邵子曰:心为太极。周子曰:纯心要矣。张子曰:心清时视明听聪,四肢不待羁束而自然恭敬。程子曰:圣贤千言万语,只是欲人将已放之心约之使入身来,此皆得孟子之正传者也。

此皆主儒学理学即心学,不待别分门户。则草庐自居为北宋之理学,非自居为陆学明甚。

又曰:

> 夫子生知安行之圣,未尝不思。思而弗得弗措者,子思所以继圣统也。子思传之孟子,以心官之能思而先立乎其大,实发前圣不传之秘。至汝南周氏,直指思为圣功之本,有以上接孟氏之传。而关西之张,河南之程,其学不约而同,可见其真得孔圣传心之印。

此处特指思字为传心之印。厥后罗整庵专以此意斥象山,然亦朱子先言之。

草庐又曰:

> 朱陆二师之为教,一也。而二家庸劣之门人,各立标榜,互相诋訾,至于今,学者犹惑。呜呼甚矣,道之无传,而人之易惑难晓也。为人子孙者,思自立而已矣。族姓之或微或著,虽微而浸著,虽著而浸微,盛衰兴衰,亦何常之有。惟自立之为贵。

当元之世,斯人斯道,正微而殆至于灭矣。草庐之言,亦在教人自立,而何朱陆门户之足竞乎?

草庐又曰:

今不就身上实学,却就文字上钻刺,言某人言性如何,某人言性如何,非善学者也。孔孟教人之法不如是。如欲去燕京者,观其行程节次,即日雇船买马起程,两月之间可到,则见其官阙是如何,街道是如何,风沙如何,习俗如何,并皆了然,不待问人。今不求到燕京,却但将曾到人所记录,逐一去探究,参互比较,见他人所记录者有不同,愈添惑乱。盖不亲到其地,而但凭人之言,则愈求而愈不得其真矣。

世乱已深,浮议犹嚣,谈心说性,而不躬履实践,明室之亡,顾亭林只以博学于文行己有耻八字立教,而颜习斋所论尤慨切,还视草庐此条,可谓异世而同感矣。

草庐又曰:

读四书有法,必究竟其理而有实悟,非徒诵习文句而已。必敦谨其行而有实践,非徒出入口耳而已。朱子尝谓,《大学》有二关。格物者,梦觉之关。诚意者,人兽之关。实悟为格,实践为诚。物既格者,梦醒而为觉。否则虽当觉时,说梦也。意既诚者,转兽而为人。否则虽列人群,亦兽也。号为读四书,而未离乎梦,未乎免兽者盖不鲜,可不惧哉。物之格在研精,意之诚在慎独,苟能是,始可为真儒,可以范俗,可以垂世,百代之师也。

自许鲁斋在元初提倡朱子,元廷重兴科举,一世方竞务于读朱子之四书,草庐乃即以朱子言施箴砭,其用心之苦,岂在为朱陆争门户。至大元年,草庐在国子监,有《题四书后》一篇,提出四书罪人之说。当时以俗学利欲之心读四书,是不仅为四书罪人,亦朱子之罪人也。而草庐当时,乃每每避去朱子四书不谈,故谓其论学仍为述朱,已若不然。然谓其转在祖陆,则尤更失之。能设身处地了解草庐之时代,乃始可与论草庐之学术也。

草庐又为《刘氏中庸简明传序》有曰:

> 朱子著章句或问,择之精,语之详矣。惟精之又精邻于巧,详之又详流于多。其浑然者巧则裂。其粲然者多则惑。虽然,此其疵之小也,不害其为大醇。

朱子常以儒者说经多巧语为戒,而草庐即以诤朱子。在朱子犹不免,后人法朱子而说四书,病乃益著。然而明道救世,终不能束书游谈。草庐砭朱学末流之失,而卒亦不归于陆学,于是乃萃其心力于治经。然其精语又曰:

> 若徒求之五经,而不反之吾心,是买椟而弃珠也。不肖一生切切然惟恐堕此窠白。

又曰:

> 闻见虽得于外,而所闻所见之理,则具于心。故外之物格,则内之知致,此儒者内外合一之学。固非如诵记之徒,

博览于外,而无得于内。亦非如释氏之徒,专求于内,而无事于外也。今立真知多知之目,而外闻见之知于德性之知,是欲矫记诵者务外之失,而不自知其流入于异端也。圣门一则曰多学,二则曰多识。鄙孤陋寡闻,而贤以多问寡,曷尝不欲多知哉。记诵之徒,虽有闻有见,而实未尝有知也。昔朱子于《大学·或问》尝言之矣,曰:此以及身穷理为主,而必究其本末是非之极致,是以知愈博而心愈明。彼以徇外夸多为务,而不核其表里真妄之实然,是以识愈多而心愈窒。

德性之知与闻见之知,其辨始于程子。此则专拈朱子发明《大学》格物致知之义为学的,可知草庐之学实确然仍为朱子之学统。其少谈文史,少谈四书,专标心学二字而一意于五经,则在草庐自有苦心,知人论世之士,贵能于此细参。然要之论朱学传统之正而大,则草庐亦自不如东发也。

与草庐同时名世者有刘静修。两人出处虽异,而论学要旨,时有相合。刘蕺山曰:静修颇近乎康节,则草庐、静修两人,意态亦多相合。静修《叙学》有曰:

先秦三代之学,六经《语》《孟》为大。世变既下,风俗日坏,学者与世俯仰,莫之致力。欲其材之全得乎?三代之学,大小之次第,先后之品节,虽有余绪,竟亦莫知适从。惟当致力六经《语》《孟》耳。世人以《语》《孟》为问学之始,而不知《语》《孟》,圣贤之成终者。所谓博学而详说之,将以反说约也。圣贤以是为终，学者以是为始，未说圣贤之详，遽说圣贤之约，不亦背驰乎？所谓颜状未离乎婴孩，高谈已及于性命者也。虽然，句读训诂不可不通，惟当熟读，不可强解。优游讽诵，涵泳胸中，虽不明了，以为先入之主可也。必欲明之，不凿则惑耳。六经既毕，反而求之，自得之矣。

孔孟岂不为万世之师表，然而世变俗坏，颜状未离婴孩，高谈已及性命，《论》《孟》亦遂为游谈之资，而终无救于陆沉鱼烂之祸。于无可奈何之际，静修乃主《语》《孟》惟当熟读，而不可强解。此为入门说也。惟有既毕六经，然后反而求之。此与草庐之论，实为同一苦心。抑静修亦自有《四书集义精要》二十八卷，此与草庐著述不及四书有不同。惟惩羹吹齑，要非正办。舍孔孟而先治六经，恐其为凿与惑且益甚。明初，袭元辙，以《四书大全》取士。一时所重，四书亦仍过于五经，而朱陆门户，亦仍启争端。惟顾亭林深尝亡国惨痛，乃唱经学即理学之论。然其经学中亦即包四书，惟制举利禄，时文八股，乃不得为经学耳。至其是朱非陆之见，则持之益坚，其所为《日知录》，读书之博，乃几乎能越东发而上侪朱子。然而此下清儒，乃群务治经，陆王程朱，并废兼弃，而究于孔孟救世明道之心情、体悟、阐发，皆疏。此乃宋元明清四代全部学术思想史中一大起伏，一大问题。至今，仍待潜心探索以开此下之新趋。故笔而出之，固非仅于为草庐一人之学术有所衡论也。

《行状》又曰：仁宗延祐三年，草庐深入宜黄山中五峰僧舍，修《易纂言》。五年修《书纂言》。时年七十。至治二年，《易纂言》成书。时年七十四。三年，拜翰林学士，知制诰，同修国史。

泰定帝泰定元年,草庐为经筵讲官主讲经学。是年七月,草庐即告退归里,时年七十七。此后一意纂述不复出。文宗天历元年,《春秋纂言》成。二年,《易纂言外翼》成。时年八十一。宁宗至顺四年,《礼记纂言》成,时年八十五。是年六月寝疾不起。是月,顺帝即位,即元室之末一帝也。

道园既为其行状,又有祭文,略曰:

> 哀哀先生,早勇进道。方圆直平,步趋惟程。缕析条分,朱之治经。信其有为,自比诸葛。宋熄其炎,敛而退藏。玩心神明,天人妙契。时行物生,独据其会。

于草庐之治学用心,可谓深有契会。后之读者玩其辞,亦可以兴异世之悲矣。然明遗民王船山之《读通鉴论》则曰:

> 鬻《诗》《书》《礼》《乐》于夷类之廷者,其国之妖也。其迹似,其理逆,其文诡,其说淫。相帅以嬉,不忘也冥待。虞集危素,祗益蒙古之亡,而为儒者之耻。姚枢许衡,实先之矣。

是虽不及于草庐,而草庐之不能逃其责亦显矣。赵宏毅,字仁乡,从草庐游。元亡,叹曰:但有一死报国。与妻解氏皆自缢。则君子之出处,固不得谓其无影响于后世也。

　　　此文刊载于一九七一年十月台北故宫博物院
　　　　　　《图书季刊》二卷二期

读明初开国诸臣诗文集

　　本文作意,不在论诗文,而在借诗文以论史。论史者多据正史纪传志表,旁及稗乘野史小说笔记之类,所论以史事为主。或据文章著作以论一时代人之思想及其议论意见。此文则在借诗文以论其时代内蕴之心情。胡元入主,最为中国史上惊心动魄一大变,元人用兵得国之残暴,其立制行政之多所剧变,而中国全境沦于异族统治之下,亦为前史所未遇。未及百年,乱者四起,明祖以平民崛起为天子,为汉高以下所仅有,读史者岂不曰驱除胡虏,重光中华,其在当时,上下欢欣鼓舞之情当如何?而夷考其实,当时群士大夫之心情,乃及一时从龙佐命诸名臣,其内心所蕴,乃有大不如后人读史者之所想象。如欲加以抉发,国史野乘,旁见散出,未详未备,必参考当时诸家之诗文集而后其情事乃大见。本文亦仅偶举例证,然虽一鳞片爪,而大体可想矣。

（一）读《宋学士集》

清嘉庆十五年吴县严荣汇刻明宋濂《文宪公全集》,序曰：

> 公文甚富,生前未有雕本,公没百三十四年,而后有太
> 原张氏之刻,又二十二年,而后有海陵徐氏之刻,又十五年,
> 而后有高淳韩氏之刻。

其凡例又云：

> 《文宪公集》初刻于明正德九年太原张绾,为《銮坡》前
> 后续别各十卷,《芝园》前后续各十卷,《朝京稿》五卷,凡八
> 集七十五卷,共九百有六题。续刻于嘉靖十五年海陵徐嵩,
> 为金石丝竹匏土革木八编,凡八卷,共一百四十三题。汇刻
> 于嘉靖三十年高淳韩叔阳,凡三十二卷,共九百二十四题。
> 其为张徐二本所已刻者七百十题,其未刻者二百十四题。
> 今并张刻为三十四卷,徐刻仍为八卷,韩刻为补辑八卷,凡
> 五十卷,一千二百六十题。

今景濂集之重印流传者亦有三本。一为商务印书馆四部丛
刊影印明正德本,即严氏所称张刻也。一为商务丛书集成本,采
自金华丛书。此集始刊于清康熙四十八年南阳彭始抟,又续刻
于同治十三年永康胡凤丹。其祖本即嘉靖之韩刻本也。又一为

中华书局四部备要本，即据严荣校刻足本，为景濂集之最完备者。

《明史·艺文志》：

> 宋濂《潜溪文集》三十卷，皆元时作。《潜溪文粹》十卷，刘基选。《续文粹》十卷，方孝儒郑济同选。《宋学士文集》七十五卷，又诗集五卷。

今按：《宋学士文集》七十五卷，即正德张刻本，是为景濂入明以后之著作。《潜溪集》在元时作，均不收于正德本之内，嘉靖徐刻本收之未尽，韩刻本续有新收。今据严本凡例，徐刻有一百四十三题，韩刻又有二百十四题，共三百五十七题，皆采自《潜溪集》也。

又按《四库提要》：《宋学士全集》三十六卷，又有《宋景濂未刻集》二卷，谓濂集重刻于嘉靖中，行世已久，此亦指韩刻言。雷礼刊《宋学士全集序》谓：

> 先生旧有《朝京稿》，《凝道记》，《潜溪》《翰苑》《銮坡》《芝园》集，《龙门子》，《浦阳人物记》，然各集出一时故旧以己见集者，今知浦江事韩叔阳萃为一编，共三十六卷，九百六十七篇，题曰《宋学士全集》。（见严本卷首韩刻原序）

书名卷数皆与《提要》相同，可证四库所收即是韩刻本也。惟严本称韩刻仅二十二卷，不知何故。严氏凡例又谓《龙门子》《凝道记》三卷,诸刻皆无之,或嘉靖韩刻原本有此三卷,则合为三十卷,而《浦阳人物记》二卷韩刻作《评浦阳人物》,作一卷,则适符三十六卷之数。姑识所疑于此。

四库所收未刻集,乃康熙三年金坛蒋虎臣得文徵明家藏本于景濂裔孙既庭,授金华陈国珍刻之,凡三十七篇,严本凡例谓,细检其中二十七篇已见于徐刻,十篇已见于韩刻,则并无所谓未刻矣。惟《提要》谓未刻共三十八篇,校之韩刻,十一篇皆今本所已载,其余二十七篇则实属佚文,与严本凡例所言差一篇。惟四库馆臣实未见徐刻,故谓二十七篇实为佚文矣。

严序又谓景濂文生前未有雕本,初刻于正德张氏,此亦误。洪武十四年郑楷作景濂行状,谓:

> 先生所著文,有《潜溪集》四十卷,《萝山集》五卷,《龙门子》三卷,《浦阳人物记》二卷,已传于学者。

此皆景濂在元时作,早有刻本行世。正德本张序谓:

> 其集久且渐湮,虽有《潜溪》前后集文粹出于郑氏所辑,及蜀本衢本外国本,皆略而未完。近时杭本八帙颇多,而为人率妄去取,犹未刻也。初公存日,手定八编,凡若干首,以细眼方格命子璲缮录精整,首简犹公手笔。其本予购得之。因按本翻录入刻。

则正德张刻之八编,乃经潜溪手定,而其先未有刻本。今按:景濂生于元武宗至大三年庚戌（西历纪元一三一〇），至顺帝至正十九年己亥（一三五九）始至建康，见明祖，年已五十。至七十二而卒。其在元时，已负文学重望。当时所刻各集，汇观先后诸家之序，亦可以征人心，觇世变。兹就严本卷首及金华丛书本附录所载摘录一二略论如次。

陈旅之序有曰：

> 文不可无渊源。西京而下，唯唐代为盛。宋姑不论，以姚铉所聚唐文观之，独韩愈氏焕焉可观。我国家混一以来，光岳之气不分，中统至元间，豪杰之士布列词垣，固难以一二数。天历以来，海内之所宗者，惟雍虞公伯生，豫章揭公曼硕，及金华柳公道传，黄公晋卿而已。二公之所指授，其必有异于庸常哉。设以韩愈氏方之二公，则濂当在李翱皇甫湜之列也。

此序不知年月，以下引王祎序在至正十五年正月推之，陈序当约略同时，所序盖《潜溪前集》也。又郑涣序在至正十六年，而云昔陈公为序，又曰：嗣是有作，当为后集以传，亦可证。其时景濂文字初为人知，故陈氏乃以唐之翱湜拟之。然是年韩林儿称帝，明祖亦渡江而南，明年遂取金陵，群雄割据，四海鼎沸，而陈氏方以为元之文章可以轶宋跨唐而骎骎乎媲美于西汉。不二十年，元社遽屋，当时士大夫似未梦想及之，亦可怪也。

复有欧阳元一序，谓：

三代而下，文章唯西京为盛。逮及东都，其气浸衰。至李唐复盛。宋有天下百年，始渐复于古。南渡以还，其衰又益甚矣。我元龙兴，以浑厚之气变之，而至文生焉。中统至元之文庞以蔚，元贞大德之文畅而腴，至大延祐之文丽而贞，泰定天历之文赡而雄。涵育既久，日富月繁，意将超唐宋而至西京矣。

其言尤见夸满自喜之情。又有刘基一序，谓：

汉唐宋之盛，则有贾马扬班李杜韩柳欧苏曾王诸公，是皆生于四海一统时，挹光岳之全气，宜其精粹卓拔不可及也。国家混一七八十年，名儒钜公接武而出，其可以进配古人者，固不为少。然而老成凋丧之后，盛极则衰，理固然耳。今得宋君景濂《潜溪集》观之，然后知造物之不丧斯文，而光岳之气犹有所钟也。

知当时士大夫，方以元之一统与汉唐宋争盛，至于其为胡虏人主，非我族类，则似已浑焉忘之矣。此于欧刘之序而可见。刘序今不收于《诚意伯集》，盖入明后讳而弃之也。

又有孔克仁一序，谓：

金华宋景濂先生，乡先生柳公道传称其雄浑可爱，黄公晋卿许其温雅俊逸，莆田陈公众仲亦谓辞韵风裁，类夫柳黄二公。庐陵欧阳公元亦谓神思气韵飘逸而沉雄。先生之

文，经四公品题之重，可谓无余蕴矣。先生来金陵，气老志
坚而文益多，乃命余序其后集。顾余不敏。敢纵言论以齿
四公之末哉？

景濂至建康见明祖，在至正十九年己亥（一三五九），下此八年而元
亡。孔氏序景濂之《潜溪后集》，必尚在至正十九年以后，龙飞
虎跃，此何时乎，而一时士大夫集居金陵，所谓从龙翊运者，其心
中若无事然，故下笔为文，亦不见有其踪迹。孔氏此序之所郑重
称崇，自谓不敢齿其末之四公，皆元人也。是皆敌国之臣，转瞬
则亡国之大夫也。乃当时金陵诸儒，若仅知有文章，不知有国家
之兴亡，与民族夷夏之判。而其言文章，则又仅知有元之传统而
已。不知新朝将兴，抑且此诸儒亦已身仕新朝，而其心中笔下曾
不一及，岂不可怪之甚乎？

又有赵汸一序，谓：

　　《潜溪前集》凡十卷，冠以陈公众仲序，浦阳义塾既刻
而传之。《后集》笔稿日新，而卷帙未有终，宋公以书来，俾
汸序其意。乃为序曰：尚论浙东君子，必以东莱吕公为归。
百余年间，莫善于文献黄公。景濂父生吕公之乡，而久游于
黄公之门，别集之行，岂徒欲以文辞名世者哉？众仲尝学于
虞公，而景濂父黄公之徒也。二公之所指授，信乎有异于他
门者哉。

当时诸儒为景濂文作序，辞旨似不出两途。一则夸元之文统，如

此序言虞公黄公是也。一则溯浙东学术文章之传,如裪之序其前集,及此序之盛推浙东君子自东莱吕公以来是也。世运大变,迫在目前,且诸儒已身仕新朝,纵不然,亦已在其号令统治之下,亲为其疆域之子民,而更无一言及之。彼辈之意态,究不知将置其亲身所在之新朝于何地,事之可怪有如是。赵汸师事九江黄泽楚望,以治《春秋》名,洪武二年召修元史,不愿仕而乞还,后人奉以为明代儒林第一人。惟钱牧斋《列朝诗集小传》称,楚藩睦㮮叙元遗民坚守臣节与伯颜子中同传,则其人可知。

又有王晋一序,谓:

> 《潜溪续集》十卷,金华宋先生景濂之所著也。今年夏,得识先生于金陵。承旨欧阳公,于人慎许可,独称先生之才具众长,识迈千古,近时大江以南一人焉。诚可谓知言。《潜溪》前后集二十卷,门人既刻梓以传,而先生复以续集俾予为之序。予诵先生之文,不能不为之慨然者。方在宋时,言文章大家者,庐陵欧阳文忠公,南丰曾文定公,临川王文公,皆相望近在数郡间,何其盛也。元兴,若广平程公钜夫,青城虞公集,豫章揭公傒斯,清江范公椁,临川危公素,亦皆以文章著称西江,亦不云乏人矣。夫何丧乱以来,沦籍殆尽,后学无所依承。岂昔者如彼其盛,而今遽若是寥寥哉!古称文章与时高下,抑道之兴废,系乎时之治乱。至于盛极而衰,亦其理也。今幸获与先生邂逅数千里外,读先生之文,既知道德渊源之所自,又俾夫末学者得续未绝之绪于将来,则先生之文之所沾被者亦既广矣。

此序乃为《潜溪续集》作，虽不能定其年月，然其距元室覆亡之期必愈近，新朝龙兴之象必愈著，而此序乃以丧乱以来四字致其慨叹，又谓道之兴废系乎时之治乱，言下之意，若不胜其嗟惜于当前之世乱而道将废者，几已情见乎辞矣。

抑且尤有进者，上引陈旅欧阳元刘基诸序，皆自著其在元之官衔职名。而赵汸自称歙诸生，王晋自称前乡贡进士，出身虽微，要之言必称本朝，而其本朝则胡元也。彼辈之重视昭代，乃与在朝仕宦者无二致，则何其于亡元之崇重，而于兴明之轻蔑。而且其亡其亡，系于苞桑，则又何诸儒之短视也。

其更可异者，元社既屋，元鼎既移，而当时士大夫之殷顽心情则依然如昔。杨维桢序景濂《翰苑集》有曰：

> 客有持子宋子潜溪诸集来者，曰：某帙，宋子三十年山林之文也。某帙，宋子近著馆阁之文也。其气貌声音随其显晦之地不同者，吾子当有以评之。维桢曰：昔之隐诸山林者，奕乎其虎豹烟霞也。今之显诸馆阁者，灿乎其凤凰日星也，果有隐显易地之殊哉！三十年之心印，万万口之定价，于斯见矣，客何以山林馆阁歧宋子之文而求之哉？客韪吾言，录吾言为宋子潜溪新集序。

此序作于洪武三年庚戌。自今言之，明室之兴，乃吾中华自唐、虞、三代以来，衣冠文物传统之所宗。胡元入主，其屠杀之凶残惨烈，其统治之昏愚淫暴，纵皆不论，夷夏大防，纵谓非当时士大夫所知，而旧朝已覆，新朝已兴，在当时士大夫心中，亦似乎茫然不知，漠然无动。乾坤洗涤，天地清平，诸儒视之若膜外。所不忘情者，乃景濂一人之隐显，又且扬山林而抑馆阁，若惜若厌，此为何等胸怀，何等意态乎？维桢为明祖敦迫，一至金陵，作《老客妇谣》见意，明祖笑而遣之，不罪也。《明史》褒然列维桢于《文苑传》之首，全祖望则归之《宋元学案·艮斋学案》中，新《元史》亦为维桢作传，彼固以老客妇自况，则毋宁以列名《元史》归案元儒为得其素怀矣。

余又读傅维鳞《明书·滕克恭传》，克恭避地钱塘，与杨廉夫相友善，及明兵定河南，归故里，叹曰：吾得至此，岂非天哉。人民非故，天地自如，足以老矣。寿百余岁终于家，谓其子礼曰：耕足矣，万勿仕。克恭之所谓人民非故，谓其非复为大元之子民也。彼能逾百岁以寿终，其子能守父志，终身勿仕于明廷。呜呼！可谓志节皎然矣。抑未闻明廷之加以罪责与强迫也。是明祖之待元臣，实不可谓不宽大，而当时士大夫之忘其为华裔，仅知曾食元禄，亦可见世风士行之一斑矣。

又有揭汰一序，谓：

> 一代之兴，有一代之制作。以景濂之雄文奥学，而不获显庸于前朝，岂非天之所属实有在耶？余闻景濂之名，盖二十年矣。近始会于金陵，然此特所观新集者而已，皆应制代言纪功铭德之作。若景濂平日之所著，则有前后续别四集，已盛行于世，及流传于海外，学者又当兼取而博观之。

此序所谓新集，即《翰苑集》，故谓其皆应制代言纪功铭德之作，此即杨序所谓馆阁之文也。平日所著，前后续别四集，指《潜溪集》，作在元时，即杨序所谓山林之文也，泆之所重，其意亦在彼不在此，与杨氏意见无异。泆俣斯子，新《元史》有传。谓明兵入燕，凡仕者例徙南京，泆称疾不往。洪武六年卒。然观此序，则泆实赴金陵也。要之泆之与维桢，皆为无意屈节于明廷者。景濂乃新朝佐命大臣，何以必求胜国遗老为其翰苑代言之集作序，其意亦良可怪。又泆序明称前朝，则其时元祚已尽，而序末自称中顺大夫秘书少监，此乃仕元之官阶，何以书于新朝翊运大臣翰苑代言之集之首页，又不特注一元字，岂亦所谓不知有汉乎？

又有贝琼一序，曰：

翰林侍讲学士金华宋公景濂，自少以文雄一时，人不远数千里求之，殆遍于中国四夷矣。其居青萝山所作者曰《潜溪集》。其在朝所作者曰《翰苑集》。《潜溪集》凡若干卷，故翰林承旨欧阳文公为之序，而《翰苑集》复萃记序碑铭传杂说厘为前后续别四集云。予尝读而好之，乃抚卷而叹曰：元初，姚文公以许氏之学振于北方，下至天历至正间，又有蜀虞文靖公金华黄文献公，亦若韩子之在唐，欧阳子之在宋矣。国朝龙兴，公以布衣登侍从之选，历十余年，凡大制作大号令，修饰润色，莫不曲尽其体。实与虞、黄二公相后先已。虽然，虞、黄二公属重熙累洽，所以黼黻一代之盛者为易。今国家肇造之时，将昭武功而宣文德，以新四方之观听，使知大明之超轶三五，岂不为难乎？

景濂《翰苑集》凡三序,此序最在后,作于洪武八年。时新朝已确立,抑且琼亦仕焉,曾从景濂纂修《元史》,其为序,若宜与杨揭二氏之措辞有不同,乃诵其文,仍有可怪者。其为《翰苑集》作序,何以必连述及其《潜溪集》,而又必引亡元欧阳玄之言以为重。于欧阳玄则又必详其仕元之官名,又仅书一故字,不称亡元胜国,此又何耶?序新朝大臣之集,而必溯其渊源于亡元,论元之文人,则必谓其堪与唐韩宋欧阳相比。而复以景濂为能与亡元虞黄相后先,若足为景濂增无上之光荣,而犹必谓景濂之所成就,尚有所不及于虞黄。试问立言之体当如此乎?盖当时文人崇重亡元,轻蔑新朝,已成风气,则琼之所谓将以新四方之观听,使知大明之超轶三五,岂不为难者,乃是实情,固非琼之自有所抑扬也。抑且揭汯之序,直书中顺大夫秘书少监豫章揭汯,而贝琼之序,则仅曰清江贝琼。身仕明廷,何为不书官阶,岂亦有所避忌乎?盖此乃一时代之风气,亦一时代人之内心所蕴,自有其不可掩者。拈此小节,可概推其余矣。正德本前列三序,为杨维桢揭汯贝琼,在《芝园集》前又列贝序,末称洪武八年岁在乙卯冬十有一月既望,将佐士郎国子助教携李贝琼序,一序重刊,一署官职,一不署,不知孰为其朔。然果先署官名,疑后人不为之削去。则琼之初稿殆未署官职也。《清江集》序后,不署名籍年月,明是削去。

贝琼《清江集》中又有《青萝山房歌》,应在文集序之前。歌有引,谓:

公擅一代之文章,所著多行于世,而贮于山房者,必有光气烛天,与山之宝玉同不泯矣。

其歌曰:

> 山人紫府神仙客,身今六十颐尚黑。
> 一朝寘之白玉堂,青萝寂寂寒无光。

是亦忽视其所以翊赞新朝者,而独致拳拳于其以前青萝山之隐居生活,则明之代元而起,当时明廷一辈从龙之士视之,殆亦只认其为乃是一时天意之忽然喜新而厌故,一若乍阴乍晴,无甚内在之意义与价值可言矣。

刘基又有《宋景濂学士文集序》一篇,大意谓:

> 太史公宋濂先生,海内求文者项背相望,碑版之镌,照耀乎四方。高丽日本安南之使,每朝贡京师,皆问安否,且以重价购其《潜溪集》以归,至有重刻以为楷式者。先生之著述,多至百余卷,虽入梓者已久,其门人刘刚复请基撷其精深,别成一编。且征言序之。昔者楚国大司徒欧阳文公元赞公之文曰:其气韵沉雄,如淮阴出师,百战百胜,志不少慑。其神思飘逸,如列子御风,飘然骞举,不沾尘土。其词调清雅,如殷彝周彝,龙纹漫灭,古意独存。其态度多变,如晴跻终南,众骖前陈,应接不暇。非才具众长,识迈千古,安能与此。呜呼!文公之言,至矣尽矣!设使基有所品评,其能加毫末于是哉?今用备抄,冠于篇端,而并系先生出处之

大略,使读者有所考焉。

此序据郑济所为《文粹后识》,实当称《潜溪宋先生文粹》。郑济《文粹后识》云:

> 右翰林学士承旨《潜溪文粹》一十卷,青田刘公伯温丈之所选定也。先生平日著述颇多,其已刻行世者,《潜溪集》四十卷,《萝山集》五卷,《龙门子》三卷。其未刻者,《翰苑集》四十卷。归田以来,所著《芝园集》,尚未分卷。在禁林时,见诸辞翰,多系大著作。窃意刘丈选之或有所遗,尚俟来者续编以附其后。

是则景濂集刻版传世者,只是其《潜溪集》前后续别四十卷,而今四部丛刊所影印之正德本八编七十五卷,在当时初未刊行。而刘基所选之《文粹》十卷,又只就已刻《潜溪集》中选出。其所选亦只是杨维桢所谓三十年山林之文,而此后馆阁之文,则如郑济所谓或有所遗,未经选录也。尤可异者,刘氏此序,仅引亡元欧阳玄之旧序,而谓其言至矣尽矣,设使基有所品评,其能加毫末于是哉,何其言之谦抑耶? 抑且刘序称昔者楚国大司徒欧阳文公,举其官谥,而仅曰昔者,则岂不知元之已亡,处新朝而称胜国,岂宜用昔者二字乎? 修辞立其诚,观乎刘氏之辞,斯可以微窥其内心之诚矣。盖元儒慑于异族治权之积威,其处身若屦兔之藏草丛,彼已能逃脱于九儒十丐之贱,而上跻释道,同称三教,固已经无限之酸辛与夫不断之奋斗,而乃于世道民瘼之外,始别有所谓人物者,可得为后生继起之所仰望而慕效,以为道德文章传统之所系,此乃文化绝续一线之存,固是大可慨叹而又无可如何之事,虽宋刘之贤,于此有不免,论史者亦无所用其深责也。

越后乃有方孝儒《续文粹序》,其辞曰:

> 可名之功,众人知之。难名之功,君子知之。至于不见其功而天下阴受其利者,此非圣贤之徒不能知也。当元之衰,国朝之始兴也,太祖高皇帝定都金陵,独能聘致太史金华公而宾礼之。及海内平定,上方稽古以新一代之耳目,正彝伦,复衣冠,制礼乐,立学校,凡先王之典,多讲行之,而太史公实与其事。先后二十年,修身于户庭之间,而姓字播于千万里之外,蛮夷异类皆知尊慕之,使中国之美,传于无极,其功盖大矣。窃尝叹天下知爱公文,而不能尽得其意,且不能尽观也。以为公昔无恙时,尝择旧文为《文粹》以传矣,因复与公同门友浦阳郑楷叔度等,取自仕国朝以来所作,复选录为十卷,名曰《续文粹》以传于学者。呜呼!斯文也,公之所为,虽可以传世,而不足以尽公之为人也。后有贤者,考论国朝之所由兴,而追维德业之盛以歌咏太平之治于无穷,太史公之功,庶几可白于后世乎?

方氏此序,又传为金华楼璡作,《皇明文衡》疑为方为楼代笔。据郑济《文粹后识》,则方与楼当《文粹前集》选定,曾同预缮写。惟此序收于《逊志斋集》,决为方氏手笔无疑。此序作于明太祖死后,盖全是而景濂入明以后所谓馆阁之作,始有传刻,而新朝稽古,彝伦衣冠礼乐学校,所谓讲行先王之典,而使中国之美永传无极者,亦于方氏之文始见其语。然方氏又谓公之为文,不足以尽公之为人,又曰:天下阴受其利而不见其功,则知方氏之所重于景濂者,乃始大异于往时,而往时之所重于景濂者,则惟景濂之文耳,乃亦不知景濂于世道之有功,方氏始为之揭发,然此亦或非景濂生时之所自负而逆知欤。或惟景濂之门人弟子,始有以微窥其师之用心,而景濂固未敢明白宣称之于朋侪友好之间乎?要之一时之世态,固可于此而微窥矣。黄梨洲《明儒学案·师说》列方正学孝孺为第一人。全谢山《宋元学案》以景濂与欧阳玄同隶《北山四先生学案》。方正学二十游京师,即从学于景濂,及景濂返金华,正学复从之,先后凡六岁。号为尽传其学。然黄氏《学案》列正学于诸儒,诸儒者,黄氏谓是无所师承,得之遗经也。而景濂乃不获列名于《明儒学案》中,必待全氏始以归之元儒之行列。黄全二氏之安排品评,或亦不可谓之不允惬,而其意深微矣。

抑方序措辞,亦仅颂扬中国之有新朝,其于亡元,则亦止于为弦外之音而已,尚未邃畅厥辞也。余又读杨守陈《重锓刘诚意伯文集序》,乃曰:

> 嗟乎!自昔夷主华夏,不过膻一隅,腥数载耳。惟元奄四海而垂八纪,极弊大乱,开辟以来未有也。高皇扫百年之胡俗,复三代之华风。

又读叶式《题诚意伯刘公集》亦曰:

昔之入主者,颇皆用夏贵儒,惟元不然。此其为秽,尤使人涕泗沾臆。其胎祸远而播恶广,奄及百年,不知变革。当是时也,薰蒸融液,无地非狄,若将不可复易者。我太祖高皇帝洗涤乾坤,为中国皇王贤圣复仇缵绪,所谓功高万古而莫与同者。

至是而华夷为防之大义,中国历史之正论,乃始重见于文人之笔端。然守陈之文,已在成化六年(一四七〇),上距明祖开国(一三六八)亦已七十余岁,而叶文在嘉靖七年(一五二八),则在明开国后一百六十载矣。时移世易,后人不识前人之心情,若必以驱除鞑胡为宋刘诸人之功绩,恐宋刘在当时,初无此想,抑或将增其汗惭不安之私焉,亦未可知也。

下迄清代,上论明初事,更多恍惚。蒋超之序《未刻集》则曰:

岂兵燹之余,此书散失,不则有所忌讳,不敢御木耶?

张治之序亦曰:

洪武时,禁网严密,举朝动色相戒,虽君臣相得,莫如宋文宪公,而深沉不泄,题温树以自警,则所著文词,有当传不当传者,亦何敢尽公天下,自贻齮龁。其藏诸名山者或有之。

《四库提要》则曰：

> 推究当日之意，或以元代功臣诸颂及志铭诸篇作于前
> 朝，至明不免有所讳。或以尊崇二氏不免过当，嫌于耽溺异
> 学而隐之。

其实景濂入明以后所谓馆阁之作，在其生前并未刊布，而在元时所作所谓山林之文则流传极广，其颂铭元代功臣诸篇，方广极流布，谓其有所忌讳而隐藏不敢出者，皆推想不实之辞耳。近儒又谓中国史上得天下之正，莫过于明祖，又每谓明祖御诸儒严烈太过，是亦有不尽然者。平心论之，从汉高者无不称秦之暴，从光武者无不言莽之诈，从唐祖者无不斥隋之淫，从宋祖者无不薄周之弱。奈何明初从龙诸臣乃独不然。其远避若惟恐浼我者姑不论，而明祖之优礼于宋刘叶章诸人，则实远超于汉高光武唐祖宋祖之于其诸臣之上矣。明祖曰，我为天下屈四先生，何其言之坦然也。而彼四人者，于心乃若真有屈。盖元之儒者，居于异族统治七八十年淫威之下，心志不免日狭，意气不免日缩，乃以为斯文所在，即道统所寄，在朝在野，虽亦学业文章有以自守，行己立身有以自完，然而民生利病，教化兴衰，或未能以斯道自负。夷夏之防，有所不知。而区区所以自保者，乃不免归之于政府在上宽厚之德意。天下虽乱，而彼诸儒，固未能憬然豁然于其所以然。今宋刘皆有文集传世，试观其所指斥于前朝者究何在，而其颂扬前朝之辞，在当时转视若固然，亦未闻有所禁抑，则岂得谓明初禁网之密。盖明祖之起，其内心亦不能不以草泽叛逆自恶

自惭，宋刘为之大臣，虽渥厚之已至，而犹时时推尊胜国，既流露于文字，可知其未忘于胸怀。一若文章道术传统所寄，乃胥在焉，并可以媲美唐宋，而时时怀想，若情所不能已。则无怪乎明祖心中之终于诸儒有不释。是亦诸儒自有以助成之，固不得专以罪明祖之雄猜。而明祖之于危素，则为例尤显。逮于稍后，事变渐定，事态渐显，元帝远遁沙漠，明之基业日固，诸儒心中，乃始于往日之文章议论自觉有所不安，则惟有求退远避之一途，则明初诸臣之情切隐遁，其内心之所蕴，固不专为避祸，而转以召祸也。盖当诸臣初从明祖，尚在洪武建号正位之前，其功业名位虽在此，而心所崇重依恋者，时或不免于在彼，心迹与世运相冲突，此则细读当时诸人之文字，而可征其阴影之难掩矣。

至《提要》所谓或以尊崇二氏过当而隐之，则尤不然。即正德刊本为景濂所手定者，何尝有意隐其过崇二氏之心乎？全谢山《宋文宪公画像记》谓：

> 婺中之学至白云，而所求于道者疑若稍浅，渐流于章句训诂，未有深造自得之语，视仁山远逊之。婺中学统之一变也。义乌诸公师之，遂成文章之士，则再变也。至公而渐流于佞佛者流，则三变也。

盖景濂诚亦文章之士，又笃好二氏，伯温则以文章兼权术。二人者，皆渐染浸溺于元治下之时代风气，初非知有民族大义，可凭以自守而自奋。基有《潜溪图歌》为景濂赋，曰：何时上疏乞骸骨，寄声先遣双飞凫。又景濂辞元辟命将入仙华山为道士，基作歌速其行,谓先生行,吾亦从此往矣。此二人当日之心志也。适逢明祖龙兴,因缘时会,殆非其夙所抱负。而明之开国,局度恢皇不如唐,宽宏仁厚不如宋,从龙诸贤亦与有责。后儒继起,盛推祖宗开国之光荣,乃于宋刘诸人多有颂扬过溢之辞,至于事久论定如黄全两学案之所品评,则又已在易代之后矣。

为《未刻集》作序者尚有吴伟业,谓:

> 韩本晚出,采撷详于胜国,仅存元世之一二,附见各体之末,其为陈华之无词者多矣。窃寻其自所谓前后续《萝山集》者,大都在元时未仕所作,年盛气壮,必有可观,亦因得尚论其世。惜乎遭遇之后,以改物为嫌,微之而不显,使习读者不备山林台阁之体,可恨也欤。

吴氏此序颇有误会。《潜溪》前后续集及《萝山集》,当景濂身后,始渐隐晦,非景濂以改物为嫌,微之使不显也。景濂遭遇之后,馆阁诸文,在其生前转不如其未仕时所作山林诸文之流布在世,脍炙人口。身后所刊,亦仅《续文粹》十卷,至正德时,始有八编七十五卷之汇刻,则正当明之中叶矣。此俱已考订如上。景濂未仕所作收于韩刻者有二百十四题,兼之徐刻,共三百五十七题,不知所谓《潜溪》前后续集及《萝山集》均已搜罗在内否,要之傥有遗逸,数量亦不甚大,非有所谓多陈华之无词也。据方正学《续文粹序》及嘉靖雷礼序韩刻全集皆称《潜溪集》曾传刻于日本,不知彼邦顷尚保有此本否?傥能获见彼邦旧刻,取与徐韩两本对校,或可更有所发现。姑志于此,以待访求。

伟业又曰：

> 浙水东文献，婺称极盛矣。自元移宋鼎，浦江仙华隐者方凤韶卿与谢翱皋羽，吴思齐子善，赓和于残山剩水之间，学者多从指授为文词，若侍讲黄公，待制柳公，山长吴公，胥及韶卿之门，出而纬国典，司帝制，擅制作之柄，景濂亲受业于三公，承传远而家法严，遂以文章冠天下。际会真人，经纶黼黻，光辅一代稽古右文之治，几欲跻之成周，世皆慕之为名世宗工，而不知渊源于宋之逸老。呜呼！不有山泽臞，孰为维斯文，如带之绪，以俟贤哲起而昌大之，其功焉可诬也。

又曰：

> 元一天下，休养人物七八十年，号为安阜富庶，故能容群儒恬寝食而甘图书，以遗经转相授受，并时山陬海滋，文章理学之懿，郁乎隆庞。景濂钟光岳之全气，而取材落实，兼条贯以集其大成，不可谓非所值之幸也。

吴氏此文，实亦自具错纵复杂之心情。彼既失身清廷，岂亦欲留其残生以为山泽之臞，以维斯文如带之绪耶。彼幸景濂之所值，谓元一天下，休养人物七八十年，使景濂集其大成，则清室之在当时，岂不亦容群儒恬寝食而甘图书以遗经相授受乎？吴氏仅亦一文士，宜其不足与语夫此矣。

今综观景濂集，以一人之写作，而五十年桑海之变，山林馆阁兼而有之。又值元明易代，夷夏交迭，政俗民生，与夫士大夫一时心情之激荡，以及学术风尚之转移，处处可于景濂集中探其消息，寻其影响，斯诚治史者所当注意，本文则仅就景濂集前后各刻，撮举各家序文，以为治斯集者粗指方向而已。内容未暇细及。姑摘录集中一篇稍加申述，以毕吾文。

赠梁建中序

虎林梁君建中，妙年嗜伊洛之学，而复有志于文辞。一时大夫士皆称誉之，建中不自以为足，复来问文于余。余也，赋质凡庸，有志弗强，行年六十，曾莫能望作者之户庭。间尝出应时须，皆迫于势之不能自已者尔，当何以为建中告哉？虽然，窃尝闻之师矣，文非学者之所急，昔之圣贤初不暇于学文，措之于身心，见之于事业，秩然而不紊，粲然而可观者，即所谓文也。其文之明，由其德之立，其德之立宏深而正大，则其见于言，自然光明而俊伟。此上焉者之事也。优柔于艺文之场，餍饫于今古之家，搴英而咀华，溯本而探源，其近道者则而效之，其害教者辟而绝之，俟心与理涵，行与心一，然后笔之于书，无非以明道为务，此中焉者之事也。其阅书也，搜文而摘句，其执笔也，厌常而务新，昼夜孜孜，日以学文为事。且曰：古之文淡乎其无味，我不可不加秾艳焉。古之文纯乎其敛藏也，我不可不加驰骋焉。由是，好胜之心生，夸多之习炽，务以悦人，惟日不足。纵如张锦绣于庭，列珠贝于道，佳则诚佳，其去道益远矣，此下焉者之事也。呜呼！上焉者吾不得而见之，得见中焉者斯可矣，奈何中焉者亦十百之中不三四见焉，而沦于下焉者，又奚其纷纷而藉藉也。此无他，为人之念宏，为己之功不切也。余自十七八时，辄以古文辞为事，自以为有得也。至三十时，顿觉用心之殊，微悔之。及逾四十，辄大悔之。然如猩猩之于屐，虽深自惩戒，时复一践之。五十以后，非惟悔之，辄大愧之。非惟愧之，辄大恨之。自以为七尺之躯，参于三才，而与周公仲尼同一恒性，乃溺于文辞，流荡忘返，不知老之将至，其可乎哉？自此焚毁笔砚，而游心于沂泗之滨矣。今吾建中，孜孜缀文，思欲以明道为务，盖庶几无余之失者。而余犹为是强聒者，文之华靡，其溺人也甚易之故也。虽然，天地之间，有全文焉，具之于五经，人能于此留神焉，不作则已，作则为天下之文，非一家之文也。其视迁固，几若大鹏之于鹪鹩耳。建中尚勉之哉，建中尚勉之哉！

景濂此文所谓五十以后非惟悔之，辄大悔之，非惟悔之，辄大恨之者，决非漫尔应酬之辞。然在景濂内心有此感，而同时人则未能有此同感也。景濂门人为此文有一题记附刻，见于四部丛刊所影印之正德本，而严刊则删去。题记之辞曰：

　　太史公生平以文章名天下，而其该贯典籍，穷极经史，蓄积浩穰，与古人争长者，人未必尽知之。纵或知而尊之，至其立心制行敦大和雅，揆法圣贤之道而无愧者，世固未必识也。于其大者不之识，而谓足以知文章，岂果能得其精微之意？今观赠钱塘梁先生建中序，其论文如此，则世之不足知公者宜也。彼后生晚学，未能执笔，辄掎摭疵病以议，曾足与之言文哉。

洪武二十三年春正月十日门人谨题。

景濂卒于洪武十三年，此题距景濂卒又十年。可知时人之所称扬崇重于景濂，及其所掎摭疵病于景濂者，则一惟其文耳。其学已所不知，其行更然，则又何论于世运之与治道？当时一世之人，初不谓明之崛兴，乃贞下之起元，乃积晦之复明，而抑若文治昌隆转有亏焉，此则于题辞之言外，可推想而知也。此题记大旨，与方孝孺《续文粹序》相近，或亦出方氏之手乎？

又按《皇明文衡》卷一代言首篇为景濂所撰之《谕中原檄》，此文不收于景濂集，亦附录于此。

谕中原檄

自古帝王临御天下，中国居内以制夷狄，夷狄居外以奉中国，未闻以夷狄治天下也。自宋祚倾移，元以北狄入主中国，四海内外，罔不臣服，此岂人力，实乃天授。然达人志士尚有冠履倒置之叹。自是以后，元之臣子，不遵祖训，废坏纲常。有如大德废长立幼，泰定以臣弑君，天历以弟鸩兄，至于弟接兄妻，子烝父妾，上下相习，恬不为怪。其于父子君臣夫妇长幼之伦，渎乱甚矣。夫人君者，斯民之宗主。朝廷者，天下之根本。礼义者，御世之大防。其所为如彼，岂可为训于天下后世哉。及其后嗣沉荒，失君臣之道，又加以宰相专权，宪台报怨，有司毒虐，于是人心离叛，天下兵起，使我中国之民，死者肝脑涂地，生者骨肉不相保，虽因人事所致，实天厌其德而弃之之时也。古云，胡虏无百年之运，验之今日，信乎不谬。当此之时，天运循环，中原气盛，亿兆之中，当降生圣人，驱逐胡虏，恢复中华。立纲陈纪，救济斯民。今一纪于兹，未闻有济世安民者，徒使尔等战战兢兢，处于朝秦暮楚之地，诚可矜悯。方今河洛关陕，虽有数雄，忘中国祖宗之姓，反就胡虏禽兽之名，以为美称，假元号以济私，恃有众以要君。阻兵据险，互相吞噬，反为生民之巨害，皆非华夏之主也。予本淮右布衣，因天下乱，为众所推，率师渡江，居金陵形势之地，今十有三年，西抵巴蜀，东连沧海，南接闽越，湖湘汉沔，两淮徐邳，皆入版图，奄及南方，尽为我有。民稍安，食稍足，兵稍精，控弦执矢，自视我中原之民，久无所主，深用疚心。予恭天成命，罔敢自安，方欲遣兵北逐群虏，拯生民于涂炭，复汉官之威仪。虑民人未知，反为我仇，挈家北走，陷溺尤深。故先谕告，兵至民人勿避。予号令严肃，无秋毫之犯，归我者永安于中华，背我者自窜于塞外。盖我中国之民，天必命中国之人以安之矣，夷狄何得而治哉？尔民其体之。如蒙古色目，虽非华夏族类，然同生天地之间，有能知礼义，愿为臣民者，与中国之人抚养无异。

明祖克金陵，在全止十六年丙申（一三五六），至正二十七年丁未（一三六七)九月执张士诚,十月徐达常遇春等即率师北伐,此年即为元亡之年,明年为洪武元年戊申(一三六八),说者谓檄文云一纪于兹,即自明祖渡江克金陵之年起算,至为檄讨北方之年适一纪十二年也。然天下兵起,何独自明祖渡江有金陵之年起算,此决不然。且下文明云,率师渡江今十有三年,可知上文决不自渡江起算。故疑此句当作二纪于兹,乃自至正七年丁亥(一三四七),至是逾二十年,至下文云居金陵十有三年,应作十二年始是。要之此檄文乃作于洪武建号之前一年,即元亡之年也。于易代之际,而正式提出中国夷狄之大辨者,今可考见,惟此一文。然其于元之统治,既曰天授,嗣称天厌,仅论其命,未伸吾义。又曰:当降生圣人,而未闻有济世安民者,又若退避不敢自居,何也?至云:予恭天成命,始自居为天降以安中国之圣人矣,然又曰:盖我中国之民,天必命中国之人以安之,仍自隐约谦让,不欲明白以天降之圣自居。气和辞婉,从来檄文,殆少其例。此非在当时无正义严辞可陈,实由群士仕明,鲜能深明于夷夏之大义,又不深知民心之向背,敌我之势,至此犹若不能确切自信,此乃七八十年来异族统治积威之余,士大夫内心怯弱而后有此现象,固不得责备于景濂一人也。

又按谈迁《国榷》至正二十七年十二月甲子明祖御新宫,祭告上帝皇祇曰:惟我中国人民之君,自宋运告终,帝命真人,来自沙漠,百有余年,今运亦终,天下纷争,惟帝赐臣英贤,遂勘定之。今舆地周回二万地,臣下曰:生民无主,必推臣帝,臣不敢辞,亦不敢不告。是用明年正月四日,设坛钟山之阳,惟帝祇之简在。如臣可君,祭日天澄气和。臣若不可,当示异焉。翌年正月丙子,诏曰:自宋运既终,天命真人于沙漠,今运亦终云云,注曰:元诏首曰上天眷命,意稍夸,至是首曰奉天承运。此两文乃开国大典,必自宋及元者,显涵有夷夏之大辨,然终不明白提出,而曰帝命真人于沙漠,又数元祚百有余年,则始自成吉思汗,其时宋祚固未斩,正统尚在,当时秉笔之士,何为谄媚胡元,一至于此,谅可怪也。至曰奉天承运,则是明明承元运,明初诸臣之不忘胡元,真属不可思议之尤矣。

又按:《明史·太祖纪》,明军渡江北伐,奏捷多侈辞,谓宰相曰:元主中国百年,朕与卿等父母皆赖其养,奈何为此浮薄之言。亟改之。《罪惟录》则云:有拟《平定沙漠颂》,语颇侈大,帝曰云云。谈迁《国榷》曰:中书省榜应昌之捷,上曰:元虽夷狄,君夏百年,天讫其禄,于朕何与。捷音夸,非所以示四方,速改之。谈书下元虽夷狄四字,不知果是当时明祖语否,然明祖纵有此心,而群士舆情不可不顾,乃作此谦退之辞,则景濂檄文,亦必由明祖授意,否则当得明祖默许,又断可知矣。

又按洪武三年,景濂奉命纂《大明日录》,七年成,序进,称上度越前王者六。一曰挺生南服,统一华彝,然胡元之治,岂非亦统一华彝乎?惟一起沙漠,一生南服,斯见其不同耳。景濂竟不敢以驱挞胡虏光复华夏之功美明祖,岂不可异。元臣有李继本,名延兴,东安人,占籍北平,钱谦益《诗集小传》称其父士瞻,仕元,为翰林学士承旨,封楚国公。延兴中至正丁酉进士。中原俶扰,隐居不仕,河朔学者多从之,以师道尊于北方,有《一山集》。朱彝尊《静居志诗话》云:"一山,北方之学者。洪武中虽未仕,然其典邑校者屡矣。故《自赞画像》有云:虽同乎今之人,而以圣贤为矩墨。虽食夫今之禄,而视轩冕犹泥涂。然一山本元进士,而《上总戎》诗则曰:大将军,出沙漠,万里河山尽开拓。获其名王归,四面凯声作。功成献俘蒲萄宫,天清日白开鸿濛。遂使楼烦之壤化为冠带,衍为提封。未免言之太尽,无复一成三户《黍离》《麦秀》之思矣。"朱氏生值清初,其言外之意,岂犹欲亡明之余能以一成三户光复中兴,而姑隐词以责延兴乎?然在明初能有此诗,可谓凤鸣高冈,下视景濂诸人,直是茆店之鸡声矣。明初开国群士,率多南人,彼辈殆以生事优游,诗酒山林,所受感触,或不如北人之深,而遂浑忘夫胡元之非我族类乎?一山之仅典邑校,未仕于朝,或以南北学者气味不相投而未见汲引,其画像之自赞,殆以南士竞以不仕为名高,而姑自为此解嘲之辞耶?

其后方正学为景濂文萃作序,其时已在明祖身后,大一统之局面已确立,正学盛推其师,然其文犹复婉转隐约,若有未能畅竭其所欲言者。盖当时群士之所不满于景濂者,正学固未能显斥其非,而正学之所未满于其师者,亦不能明白而道。当其时,士群之心病可谓深痼难医矣。余为此文,乃欲借当时群士之笔墨余沈,洗涤出一世人心之症结于隐微藏匿之处,若有近于周纳,然固治史者所宜注意也。

(二)读《刘文成集》

言明初开国名臣,必兼言刘宋。惟景濂沉潜于文章道术,其在元时,隐沦自逌,文成抱经纶干济之怀,亲仕于元,故二人才性不同，而出处亦相异。钱谦益《列朝诗集小传·甲集·刘诚意基》，谓：

> 《犁眉公集》者，故诚意伯刘文成公庚子二月应聘以后入国朝佐命垂老之作也。余考公事略，合观《覆瓿》《犁眉》二集，窃窥其所为歌诗，悲惋衰飒，先后异致。其深衷寄托，有非国史家状所能表其微者，每盎然伤之。近读永新刘定之《呆斋集》撰其乡人王子让诗集序云：子让当元时，举于乡，从藩省辟，佐主帅全普庵勘定江湖间，志弗遂，归隐麟原，终其身弗仕。余读其诗文，深惜永叹。嗟乎子让！其奇气碨砢胸臆，犹若佐全普庵时，以未裸将周京故也。有与子让同出元科目，佐石抹主帅定婺越，幕府倡和，其气亦将掣碧海，弋苍旻，后攀龙附凤，自儗刘文成，然有作，噫喑郁伊，扪舌骍颜，曩昔气澌灭无余矣。呆斋之论，其所以责备文成者，亦已苛矣。虽然，史家铺张佐命，论戡项之殊勋，永新留连幕府，惜为韩之雅志。其事固不容相掩，其义亦各有攸当也。诵犁眉之诗，而推见其心事，安知不以永新（为后世）之子云乎。谨撰定犁眉公诗，居国朝甲集之首。

又《甲前集·刘诚意基》，谓：

> 公自编其诗文曰《覆瓿集》者，元季作也。曰《犁眉公集》者，国初作也。公负命世之才，丁有元之季，沉沦下僚，筹策龃龉，哀时愤世，几欲草野自屏。然其在幕府与石抹艰

危共事,遇知己,效驰驱,作为歌诗,魁垒顿挫,使读者偾张兴起,如欲奋臂出其间者。遭逢圣祖,佐命帷幄,列爵五等,蔚为宗臣,斯可谓得志大行矣,乃其为诗,悲穷叹老,咨嗟幽忧,昔年飞扬碑砺之气,澌然无有存者。岂古之大人志士义心苦调,有非旌常竹帛可以测量其浅深者乎!呜呼!其可感也。孟子言诵诗读书,必曰论世知人。余故录《覆瓿集》列诸前编,而以《犁眉集》冠本朝之首。百世而下,必有论世而知公之心者。

今按:伯温之有《覆瓿集》,犹景濂之有《潜溪》诸集也。伯温之有《犁眉集》,即犹景濂之有《銮坡》诸集也。伯温仕于石抹宜孙之幕府,较之景濂之优游山林而不出,其影响于二人将来出仕明廷之心情,必有不同,自可推想。据《行状》称,遗文《郁离子》十卷,《覆瓿集》二十四卷,《写情集》四卷,长子琏又集所遗文稿五卷,名曰《犁眉公集》。其中惟《犁眉集》在仕明以后,非其生前所自定,则伯温诗文集实以在元时所作为主。今读其遗文,想见其终赴金陵出仕明廷,其心若诚有所屈而不获已者。则《犁眉》一集,殆亦于不获已之心情中而偶有撰写,宜其有如牧斋所云云也。

今考刘集《苏平仲文集序》谓:

元承宋统,子孙相传,仅逾百载,而有刘许姚吴虞黄范揭之俦,有诗有文,皆可垂后者,由其土宇之最广也。今我国家之兴,土宇之大,上轶汉唐与宋,而尽有元之幅员,夫何

　　高文宏辞,未之多见,良由混一之未远也。

上文已在洪武时,前叙汉唐宋诸代之文章,而谓元之文运可与媲美争胜,而致憾于当前之有所不如,此可谓乃明初诸儒之共同意见,而伯温之言,特为其一例而已。

　　又《杭州富阳县重修文庙学宫记》谓:

　　　惟国家以武定九有而守以文,故京有胄监,郡县皆有学,至于海隅日月之所出入,罔不知尊孔子之道,皇皇剡剡,照映天地,亘古所未有也。

此文作于至正九年,其推崇有元一代之文教,可谓言过其实,抑且近于不知耻之类矣。

　　伯温复有《感怀》诗,其辞曰:

　　　昊天厌秦德,瑞气生芒砀,入关封府库,约法惟三章。英雄不世出,智勇安可当。叔孙一竖儒,绵蕞兴朝纲。遂令汉礼乐,远愧周与商。逝者如飘风,盛时安得常。癙寐增永叹,感慨心内伤。

是伯温亦知元之规模,不得与吾儒之理想相符,而有其缺憾,并逆知其盛时之不常矣。然终以元之开国上比汉高,而特以制度礼乐之有愧,归咎于当时之儒生,其殆指许衡之徒乎。以如是之史识,复何得以夷夏大义责之。

又《杭州路重修府治记》谓：

> 国家抚有四海，舆图广斥，民物蕃庑，犹虑政教有所未被，乃大选守令，举重臣之才德闻望者居其职。

此文作于至正十二年壬辰三月，时天下已大乱，元廷方于是月下诏省台官兼用南人，若以史籍所载较之伯温此文，岂不俨如在两个世界乎？

又《诸暨州重修州学记》谓：

> 国家自混一以来，以仁泽施于民，涵濡养育，蕃衍滋息，可谓庶且富矣。今乃至相率而为盗，庸非典教者失其职耶？

此文作于至正十五年七月，前一月即明祖南下之月也。伯温文中既有相率为盗之语，而归咎于典教者之失职，至于元政之仁泽施于民，则仍揄扬赞叹先后无异辞。

伯温又有《谕瓯栝父老文》谓：

> 告瓯栝父老。皇朝以武德一九有，服而不杀，燠休滋润，罔有荼毒，至今八十余年矣。父老目不睹旌旗，耳不聆钲鼓，菇蔬饭稻，哺孙育子，早卧晏眠，优优坦坦，通无贩有，蹈山涉水，不睹不类，谁之赐欤？帝德宽大，务在休息，与百姓安乐太平，故禁网漏而弗修。官缺其人，偷惰潜生，以不能宣德化，达壅滞，咎在有司，非主上意也。

此文在帖里帖木儿为左丞相时,辟伯温为行省都事,伯温建议招抚方国珍余党。其时当为至正十六年丙申,时张士诚入平江,明祖克金陵,元事已决不可为,而伯温犹一意宣扬元廷之德政,以期挽回民心。及元廷受方国珍降,伯温转得罪,羁管于绍兴。

然元政之黑暗,民生之涂炭,伯温亦非不知。方其早年北上应进士举,沿途所见,惊心动魄,发之歌诗,悲愤激昂,使人至今犹有不堪卒读者。伯温生于元武宗至大四年辛亥(一三一一),其至燕京会试,在文宗至顺四年癸酉(一三三三),是年以明经登进士第,计其年则仅二十有三耳。而忧深思远,已知世运之岌岌不可终日矣,是诚所谓豪杰之士也。其《北上感怀》为五百七十字之长诗,痛陈目击,谓:

> 逾淮入大河,凄凉更难视。黄沙渺茫茫,白骨积荒蘁。哀哉耕食场,尽作狐兔垒。太平戢干戈,景物未应尔。去年人食人,不识弟与姊。至今盗贼辈,啸聚如蜂蚁。长戈耀白雪,健马突封豕。岂惟横山泽,已敢剽城市。勿云疥癣微,不足成疮痏。

其诗结尾则曰:

> 青徐气萧索,河济俱泥滓。痛哭贾生狂,长叹漆室里。何当天门开,清问逮下俚。

其诗在至顺癸酉,下距至正七年丁亥沿江兵起(一三四七),尚十五年,而伯温已欲作贾生之哭,是非所谓先识之豪杰乎。

其《过东昌有感》诗云:

> 况闻太行东,水旱荐为虐,饥氓与暴客,表里相倚着。赈恤付群吏,所务惟刻削。征讨乏良谋,乃反恣剽掠。往者谅难追,来者犹可作。歌诗附里谣,大猷希圣莫。

此种无可奈何而徒抱希冀之心情,时在诗中流露,然亦有明见其不可为者,如其《赠周宗道六十四韵》有云:

> 帝阍隔蓬莱,弱水不可航。蝼蚁有微忱,抑塞无由扬。遥遥草茅臣,怒切忠愤肠。披衣款军门,披腹陈否臧。曰走居海隅,诗书传世芳,感荷帝王恩,禄食厕朝行。走身非己躯,安得缄其肮,走有目击事,敢布之朝堂。此下历叙当时地方官吏愚昧凶恶迫民为盗之情形。走非慕爵赏,自鬻求荐扬,痛惜休明时,消患无其方。又不忍乡里,鞠为狐兔场。陈词未及终,涕泣下滂滂。旁观发上指,侧听心中伤。天路阻且修,不得羽翼翔。可怜涸辙鱼,待汲西江长。况有蛟与蛇,磨牙塞川梁。九冬积玄阴,天色惨以凉,众鸟各自飞,孤鸾独彷徨。子去慎所适,我亦行归藏。

又《感怀》三十一首有云:

> 客有持六经,翩翩西入秦,衣冠独异状,谈舌空轮囷。

献纳竟何补，焚坑祸谁因。昂昂采芝士，矫矫蹈海人。龙骧九渊外，岂复叹获麟。

又《咏史》二十一首有云：

> 吾爱闵仲叔，幽居翳茆茨。应辟思济世，利禄岂其私。进当致尧舜，退则老蒿藜。焉能犬马豢，以为天下嗤。

不能进而致君于尧舜，则退求自全，采芝蹈海，老于蒿藜，此亦一时之志也。然事态之变，有纵不求退而亦不得不退者。而求老蒿藜，则事复不易。其《感遇》六首有云：

> 一日复一日，一夕复一朝，青灯向暗壁，光焰坐自消。鞴鹰铩六翮，绝意于云霄。
>
> 严霜陨奥草，蛇虺去所依。可惜蕙兰花，与之共颓萎。顾此悲世运，泫然涕交颐。

又《在永嘉作》有云：

> 河流未到海，平陆皆惊湍。旗帜满山泽，呜呼行路难。

祸乱方亟，藏身无所，此种心情，诚为难堪。然而希冀犹未绝，则亦惟有仍抱此希冀以待之而已。其《丙申岁（至正十六年）十月还乡作》七首有云：

五载辞家未卜归,归来如客鬓成丝。亲知过眼还成梦,事势伤心不可思。且喜松楸仍旧日,莫嗟闾井异前时。修文偃武君主意,铸甲销戈会有期。

于斯时,而得一机缘可以措手,其内心之喜幸为何如。其《从军诗》五首《送高则诚南征》有云:

牧羊必除狼,种谷当去草,凯歌奏大廷,天子长寿考。

又曰:

振旅还大藩,歌舞安旄倪,拂衣不受赏,长揖归蒿藜。

机缘之在他人,其兴奋感发犹如此,何况机缘之在自身,则其内心之兴奋感发更可知。至正十六年,伯温承省檄,起佐石抹宜孙,殆为伯温生平最喜幸兴奋之一机缘。自谓与石抹公为诗相往来,凡有所感,辄形诸篇,有《唱和集序》谓:

古人有言曰:君子居庙堂则忧其民,处江湖则忧其君。

盖至是而平日之处江湖而忧君者,亦得依附于庙堂之贵而预忧其民焉,其为踌躇而满志可想矣。今读《覆瓿集》诸诗,与石抹相倡和者独多,既曰:

莫惊沟浍盈,雨息当自干。

又曰:

将帅如林须发踪,太平功业望萧张。

既曰:

却羡鲁阳功德盛,挥戈回日至今传。

又曰:

相期共努力,共济艰难时。

古人言,诗言志,又曰情见乎辞,伯温当时之所志与其情之所发,岂不于此等诗辞而跃然可见乎?至正十六年复有《浙东处州分府元帅石末公德政记》及《处州分元帅府同主副都元帅石末公德政碑颂》两篇。而无奈于大元盛运之终不可复,伯温复见抑,乃曰:臣不敢负国,今无所宣力矣。遂弃官归。

今综读《覆瓿集》,约述伯温当日心事之见于诗者,不外如下之三端。其《闻鸠鸣有感呈石抹公》云:

逝水自流人自老,倚楹长忆至元年。

又曰：

> 疲氓真可怜，忍令饲豺虎。追忆至元年，忧来伤肺腑。

此其终不忘情于大元之盛运，希其终能重临者一也。其《感兴诗》又曰：

> 当时玉帐耿罗绮，今日丝纶到草莱。传语疲氓聊忍待，王师早晚日边来。

又曰：

> 大哉乃祖训，典章尚流传。有举斯可复，庶用康迍邅。

又曰：

> 摩崖可勒中兴颂，努力诸公佐有唐。

盖伯温之于元室，亦可谓孤臣孽子，每饭不忘者矣。然而举朝昏瞆，虽抱忠贞之心，匡济之姿，而屈在草莽，展布何从，故曰：

> 朝廷竟知否，盗贼流如水。

又曰：

樽俎自高廊庙策,经纶不用草茅人。

又曰:

天关深虎豹,欲语当因谁。

又曰:

抑强扶弱须天讨,可怪无人借箸筹。

此其二也,时事不可为,中兴无望,而感置身之无地,故曰:

盲飙正淎勃,孤凤将安栖。

又曰:

但恐胥及溺,是由怀悲辛。

又曰:

抚几一长叹,声出心已酸。

此其三也。抱此三种之心态,感于进退之两难,而复有反侧之士,不能一心王室,乃思乘时崛起,别有归附,此尤可悲可愤之尤者。故其《咏史》有曰：

> 奸雄盗窃幸倾危，只道冥冥便可欺。想得民心思汉日，
> 正当扬子剧秦时。

观于上之诗篇，则伯温之仍不免于一出而从明祖于金陵，其内心甚不获已之委曲，亦可想象而得矣。

《行状》称伯温先游燕京，书肆有天文书一帙，阅之，翌日即背诵如流。后为江浙儒学副提举，为行省考试官，言事受沮，遂移文决去。尝游西湖，有异云起西北，光映湖水中，诸同游者皆以为庆云，将分韵赋诗，公独纵饮，大言曰：此天子气也。应在金陵。十年后，有王者起其下，我当辅之。时杭城犹全盛，诸老大骇以为狂。后从石抹宜孙见抑，弃官居青田山中，或说公曰：今天下扰扰，以公才略，据括苍，并金华，明越可折简而定，因画江守之，此勾践之业也。公笑曰：吾生平忿方国珍张士诚辈所为，今用子计，与彼何殊？且天命将有归，子姑待之。会明祖下金华，定括苍，公乃大置酒指乾象曰：此天命也，岂人力能之。客闻之，遂亡去。公决计趋金陵。伯温之识天象，能预言，已成为当时之神话，抑且流传迄今不稍衰。然若如上引《行状》之言可信，则《覆瓿》一集，尤其是伯温与石抹倡和诸诗，岂不皆是虚构。孰信孰伪，固不待智者而辨矣。

朱竹垞《静居志诗话》有一则云：

> 公在元时，有《和王文明绝句》云：夜凉月白西湖水，坐

看三台上将星。好事者遂附会之，谓公望西湖云气语坐客云：后十年有帝者起，吾当辅之，此妄也。当公羁管绍兴时，感愤至欲自杀，藉门人密里沙抱持，得不死。明初既定婺州，犹佐石抹宜孙拒守，即其酬和诗句，如中夜登高楼，遥瞻太微座，众星各参差，威弧何时正。鸿雁西北来，安能从之飞。周蓥不恤纬，楚放常怀阙。却秦慕鲁连，存齐想田单。盖未尝终食忘大都也。是岂预自负身为佐命者耶！其《题太公钓渭图》云，偶应飞熊兆，尊为帝者师。则公自道也。

牧斋《列朝诗集小传》孙炎条，炎在处州，以上命招致刘诚意，刘坚不肯出，以宝剑遗炎，炎作诗，以为剑当献天子，人臣不敢私，封还之。刘无以答，乃逡巡就见。今其诗具集中。《明史·孙炎传》亦云：炎招基，基不出，炎使再往，基遗以剑。炎作诗，以为剑当献天子，斩不顺命者，人臣不敢私，封还。遗基书数千言，基始就见。又《献征录》谓刘基见孙炎，炎与论古今成败之事，基深叹服之，曰：基自以为胜公，观公议论，其何敢为公哉？然则伯温之出仕明廷，乃出孙炎之强为邀致，而岂有如《行状》所云逆知天命之所归乎？谈迁《国榷》引许重熙辨刘基西湖彩云事云：高帝得金陵六年，方略浙东，基在石抹宜孙幕中。浮云寨战败，缪美执送金陵放归。孙炎总制处州，龙泉叶子奇三上书荐基，炎奏闻始聘，基力辞。谢炎宝剑却之，作《宝剑歌》劝其出，基乃就。此乃伯温屈身明廷之由来。

又钱氏《诗集小传》刘仁本条，谓方氏盛时，招延士大夫，折节好文，与中吴争胜，文人遗老如彬林萨都剌辈，咸往依焉。又章有定条亦云：元末，张士诚据吴，方谷真据庆元，皆能礼贤下士。一时文士遭逢世难，得以苟全，亦群雄之力。又方行条云：庆元之父子，淮张之兄弟，右文好士，皆有可书，志胜国群雄者，无抑没焉。《行状》称伯温自谓生平忿方张辈所为，此于今集中随处可得其据。明祖初起，伯温之意，亦与方张一例视之耳，逮计无所之，乃不得已而从之，又岂预识天命有归之谓乎？盖当时草莽起义，无不心敬群士，而群士则多轻鄙草莽，伯温亦其一人耳。又宋濂条，至正己丑，濂用大臣荐，即家除翰林院编修，以亲老固辞，入仙华山为道士，易名玄真子。今按至正己丑乃至正之九年，其前一年，方国珍已起兵，下距伯温为帖里帖木耳谕瓯栝父老亦七年。其始仕明，在至正十八年戊戌，王宗显为宁越府知府，延叶仪宋濂为五经师，戴良为学正，吴沉徐原等为训导，其事尚在与刘基章溢叶琛同被荐之前一年。伯温逡巡不前，而景濂已先一年出仕。若谓预知天命，其为伯温，抑为景濂，证之史实，亦居可辨矣。

傅维鳞《明书·徐舫传》，庚子夏，太祖聘宋刘叶章于金华，舟溯桐江而西，舫戴黄冠，服白鹿皮裘，青绳缩腰，立于江滨，貌伟神竦，揖刘而笑，且以语侵之，急入舟中。刘妒舫以隐放自高，数言于太祖，招致之。愈自匿不可得。盖元末群士，能出仕，则以一忠报主，不仕，则以隐为名高。徐舫能其后者，而伯温不能完其前者，故不免因惭而妒也。

伯温既从明祖定王业，明祖尊异之甚至，称为老先生而不名，又曰：吾子房也。然其心情之流露于诗篇，即所谓《犁眉集》

者,常见为低沉衰飒,回视《覆瓿集》中与石抹宜孙唱和诸什之飞扬而热烈,奋厉而生动者,远不侔矣。其《夜坐》诗有曰:

> 浅釭背壁翳还明,坐拥衾裯阅五更。云卷星河垂永夜,霜飞鼓角静严城。飘摇莫计余生事,老病都非旧日情。想象故园凭梦到,愁来转使梦难成。

今按:今所传《诚意伯集》,《覆瓿》《犁眉》不复分别,然各诗年代,犹约略可推寻。上引诸诗以之归入《覆瓿集》者,亦以意推定之。此诗在《蒋山寺十月桃花》一首之前,则必在金陵时作,应是《犁眉集》中作品也。今试看其精神意态为何如。

又有《怨诗》一首,其辞曰:

> 屈原沉汨罗,不忍弃其宗。苌弘志存周,宁为一己容。申生顾父爱,杀身以为恭。子车守明信,殉死安所从。之人岂不贤,揆道犹过中。卞和独奚为,抱玉售瞽聋。刖足实自取,怨泣情何钟。文貍处深林,无人识其踪。谁令贪鸡鹜,以触弋与罿。糜身献厥皮,为人作妍容。娟娟芳兰花,托根千仞峰。下有孤飞泉,上有灌木丛。岁晏不改色,霜清香更浓。韬光远人祸,委命安天穷。道得复何怨,老子其犹龙。

此诗亦必在《犁眉集》中,为其在金陵时所作。首举屈原苌弘诸人而曰揆道犹过中,是为己之未能抱节死元作解脱也。次引卞和,则为己之仕元而无所显白作譬况也。然则幽林文貍之为人作妍容者,岂不为今日之失身见糜自悼惜乎?若芳兰之托根千仞之峰,韬光远祸,固是最值欣赏。此诗不曰咏怀,而题名"怨诗",知其为《犁眉集》中作品矣。

又有《为詹同文题浙江月夜观潮图》有云:

> 圣明天子御宇宙,威惠与天相比隆。首丘倪许谢靰绊,犹有古月光瞳眬,行当唱和三百首,永与潮汐流无穷。

此虽一时酬应之作,然方其在抹石幕府之时,殆不作身受靰绊之想。其为后日作计,夫亦曰鲁阳挥戈,中兴勒颂,极于拂衣不受赏而止尔,决不求以唱和三百首,乃欲与潮汐之流而无穷也。善夫牧斋之言曰:此有非国史家状所能表其微者。爰本其意而稍为阐释之如此。

牧斋又曰:余录《覆瓿集》列诸前编,而以《犁眉集》冠本朝之首,百世而下,必有论世而知公之心者。牧斋此编已在清时,而书名《列朝诗集》,不加冠一明字,其所为《小传》,皆直称本朝,是盖牧斋之自表其微意,虽失身于清廷,而心终在明,故其文亦分《初学》《有学》两集,《初学集》皆明时作,《有学集》乃入清以后作,是犹如伯温之《覆瓿》《犁眉》分集也。牧斋欲后人之分别而观,得其用心,殆借伯温以自喻耳。然伯温终为有明一代开国之元勋,而牧斋名列《贰臣传》,长为当时后世所讥笑。则所遇各有时,夫亦曰从夷变夏之与从夏变夷,其事难可一概而论尔。

又按《罪惟录·逸运外臣列传》,首秦从龙,次陈遇,此两人皆仕元，明祖招致之，加优礼，亦皆先生而不名。明祖以秦从龙言聘陈遇，其书曰：

> 予惟胡元入驭，天厌其德，豪杰兵兴，共争疆域。黎庶流亡，天命归予。历思自古创业，诚难独理，比闻先生世居江左，才兼文武，傥以生民为念，须弘恤患之心，（此六字据《明书》增入）应天顺人，敷陈远略。与其韬光敛迹以全己，何如济时行道以成仁。（与其以下两句亦据《明书》）拱俟车尘，起展素蕴。

此书在至正十六年丙申，明祖初克金陵时。其后屡授以职，屡辞不受。明祖嘉叹，连称君子，且曰：士之有志节者，功名不足以介意，其卿之谓乎？朕不强卿，以成卿之名。秦从龙亦以白衣陪帷幄。二人皆仕元，而其从明祖也特早，又皆终身不受职，故皆终其身蒙礼遇而不衰。而陈遇之卒，已在洪武十七年丙子，厕明廷诸公卿间二十三年，� 然不渝其初，尤为难能。李卓吾《藏书》称遇为名臣第一。功名之际，洵所难言，而明祖之始终善视此两人，亦实可称。后世言明初开国诸臣，必举宋刘，少及秦陈。特为附著于此，以为讨论明初诸臣出处心迹者参考焉。

（三）读高青丘集

明初开国诸儒，筹谋功烈首推刘文成，学术文章首推宋景濂，而言诗则必推高青丘。余读青丘诗，亦有可说者。其《吴中逢王随朝京使赴燕南归》云：

> 江南草长蝴蝶飞，白马新自燕山归。燕山归，不堪说，
> 易水寒风蓟门雪。朝邸空随使者车，禁闼不受书生谒。一
> 杯劝君歌莫哀，归时应过黄金台。不见荒基秋来土花紫，伯
> 图已歇昭王死，千载无人延国士。（别有《送王孝廉游京归钱塘》一
> 首，此诗殆自该首改作。）

国事不可说，书生不受谒，此与文成集中所咏殆无二致。牧斋
《历代诗集小传》谓季迪身长七尺，有文武才，无书不读，而尤邃
于群史。观此诗，乃谓燕昭死后，无人复延国士，虽属诗人慨叹
之辞，然何得把汉唐宋诸代一笔抹杀，其心中笔下，并无夷夏之
别，亦从此可证矣。

其《登金陵雨花台望大江》云：

> 我怀郁塞何由开，酒酣走上城南台，坐觉苍茫万古意，
> 远自荒烟落日之中来。前三国、后六朝，草生宫阙何萧萧，
> 英雄来时务割据，几度战血流寒潮。我生幸逢圣人起南国，
> 祸乱初平事休息。从今四海永为家，不用长江限南北。

此诗已在召赴金陵纂修元史时，胡帝北遁，华夏重光，乃季迪所
咏，仅以三国六朝相拟，而曰不用长江限南北，其心中笔下，仍不
见有华夷观念之存在，不于此益见乎？

惟其于古乐府《上之回》章有曰：

瀚海通汉月，萧关绝胡烟，愿奉千龄乐，皇躬长泰然。

始见用胡汉字。然细味诗意，亦仅曰烽烟永息，版图斥广，中国重见一统而已。其于元明之际，驱胡狄而复中华之重大意义，则仍未及也。

其《寓感》诗二十首有曰：

盛衰迭乘运，天道果谁亲。自古争中原，白骨遍荆榛。乾坤动杀机，流祸及蒸民。生聚亦已艰，一朝忽胥沦。阳和既代序，严霜变肃晨。大运有自然，彼苍非不仁。咄咄堪叹嗟，沧溟亦沙尘。

则季迪于元末之动乱，亦仅曰争中原而祸蒸民，乃自古常然之事，在其心中笔下，断未有驱胡房复中华之心意存在，岂不更昭显乎？

其《寓感》诗又曰：

驽马放田野，志本在丰草。偶遇执策人，驱上千里道。顾非乘黄姿，岂足辱君早。负重力不任，哀鸣望穹昊。奈何相逢者，犹羡羁络好。

惟其于当时之事变，仅视为寻常政权之争夺，故其心澹然泊然，若可超然事外，于己无预。其不得已而出，则如野马之横被羁络。明初诸臣，多抱此意态，不止季迪一人也。

然而明祖之思贤若渴,登贤若不及,则亦历代开国所未见。青丘有《放歌行》,其辞曰:

> 雄鸡天上啼清曙,春满咸阳万家树。诸侯客子尽西来,只道明时苦难遇。褐衣不脱见至尊,立谈一刻皆承恩。赓诗已上柏梁殿,献赋还过金马门。大道易登平若砥,始信青云才尺咫。共喜严徐得宠荣,未容绛灌生谗毁。丹诏仍闻访草莱,皇心务欲揽群材。嗟君犹在新丰邸,日暮空歌归去来。

夫以褐衣不脱而见至尊,较之帝阍之不受诸生谒者为何如。季迪又有《盦余新郑》诗亦曰:

> 用材不肯略疏贱,铢寸尽上天官衡。

则明祖之刻意搜罗,实可谓远超于历代之开国矣。然而诸儒不慕荣进,急求退避之心理,乃亦为历代开国所少有。牧斋《列朝诗集小传》鲁渊条,王逢赠诗曰:相期文苑传,独立义熙年。又刘养晦元末避乱龙头山中,明兴返故庐,坚卧不出,其诗有曰:谢安原辅晋,李密固兴唐。此一辈士人志节所寄也。季迪《送舒徵士考礼毕归四明》云:

> 寄语关门吏,休轻尚布衣。叔孙聊应召,周党竟辞归。赤日京城远,苍烟海树微。送君还自叹,老却故山薇。

是为又一形态。诗中叔孙一联,尤可代表明初大群士出处之心理及其行实。《凫藻集》有《妫虽子赞》,亦谓暂起从征,亟归就养。进退从容,高风执尚。妫虽子乃王彝常宗,以布衣修元史,又荐入翰林,乞归。洪武七年,与季迪同与魏观之难。季迪又有《喜家人至京》有云:

> 忆从初蒙使者征,远别田舍来京畿,小臣微贱等虮虱,召对上殿瞻天威。诏从太史校金匮,每旦珥笔趋彤闱。春游禁苑侍鹤驾,冬祀泰畤随龙旗。有时青坊坐陪讲,宫壶满赐沾恩辉。草茅被宠已逾分,不才宁免诮与讥。海鸟那知享钟鼓,野马终惧遭笼羁。江湖浩荡故山远,归梦每逐鸿南飞。何当乞还弃手版,重理吴榜寻渔矶。门前亲种一顷稻,婢供井臼妻鸣机。秋来租税送县毕,秫酒可醉鸡豚肥。谁言此愿未易遂,圣泽甚沛宁终违。

天旋地转,华夏重光,季迪邃于群史,何以际此盛运,身蒙宠召,乃一无踊跃感激之意。且即以常态论,以一文人而任修史陪讲之职,亦宜无不可安者。况兼家人初至,乃转增其思归求退之心,此等意态,我无以名之,将名之曰是时代之风气,亦时代之心情也。

季迪又有《京师苦寒》诗,谓:

> 寻常在舍信可乐,床头每有松醪存。山中炭贱地炉暖,儿女环坐忘卑尊。鸟飞亦断况来友,十日不敢开衡门。揭

来京师每晨出,强逐车马朝天阍。归时颜色黯如土,破屋瞑
作饥鸢蹲。陌头酒价虽苦贵,一斗三百谁能论,急呼取醉径
高卧,布被絮薄终难温。却思健儿戍西北,千里积雪连昆
仑,河冰踏碎马蹄热,夜斫坚垒收羌浑。书生只解弄口颊,
无力可报朝廷恩。不如早上乞身疏,一簑归钓江南村。

可见其思归求退,实是夙志。而于当前之世运民生,历史大变,
一若无动于中焉。虽曰健儿戍西北,国难未已,而徒恨书生无力
可报朝恩,是岂中心情实之言乎?洪武三年修史工讫,擢户部侍
郎,自陈年少不习国计,且孤远不敢骤膺重任,乃赐内帑白金放
还。有《辞户部后东还出都门有作》云:

> 远水红花秋艇去,长河宫柳晓钟沉。还乡何事行犹缓,
> 为有区区恋阙心。

此殆亦一时由衷之言。盖明祖之于诸儒,恩意礼遇,不可谓不优
渥,良使季迪临去,亦不能不稍有恋阙之心也。

其《始归园田》二首有云:

> 乍归意自欣,策杖频览游。名宦诚足贵,猥承惧愆尤。
> 早退非引年,皇恩未能酬。相逢初称隐,不是东陵侯。

是时新朝方建,需才正亟,昔汉高初定天下,下诏求贤,曰贤士大
夫有肯从我游者,我与共安利之,明祖不可谓无此心,且其求贤

之情，实较汉高尤殷切，季迪蒙特达之知，受不次之擢，而盛年引退，此实难于自为解说。观此诗，虽曰惧怨，亦可见其内心之歉然矣。

又有《赠薛相士》一诗云：

我少喜功名，轻事勇且狂。顾影每自奇，磊落七尺长。要将二三策，为君致时康。公卿可俯拾，岂数尚书郎。回头几何年，突兀渐老苍。始图竟无成，艰险嗟备尝。归来省昨非，我耕妇自桑。击木野田间，高歌诵虞唐。薛生远拿舟，访我南渚旁。自言解相人，视子难久藏。脑后骨已隆，眉间气初黄。我起前谢生，弛弓懒复张。请看近时人，跃马富贵场。非才冒权宠，须臾竟披猖。鼎食复鼎烹，主父世共伤。安居保常分，为计岂不良。愿生毋多言，妄念吾已忘。

此诗题下附小注，云至正辛丑嘉禾，薛月鉴过予求诗，因赠。则所谓为君致时康者，宜指元廷言。始图无成，乃欲于异族统治之下而高歌虞唐，季迪心中，徒知有一时之治乱，不知有百世之华夷，亦于此而见矣。牧斋《历代诗选小传》，季迪仕明，旧为魏观属官，观守苏，改修府治，季迪作《上梁文》，观得罪，季迪连坐腰斩，时洪武七年（一三七四），季迪年三十九。上推元至正辛丑，乃至正二十一年（一三六一），季迪年二十六岁。前五年，至正十六年丙申（一三五六），张士诚入平江。翌年丁酉，士诚降元开藩。时季迪年二十二岁，避隐于吴淞江之青丘，此诗当在其时，已早萌遁退之意。而鼎食鼎烹，仕明廷者亦属常事，则宜乎季迪之挈然求去而更不反顾矣。

余又读季迪《扣弦集》（附《凫藻集》后），有《摸鱼儿词·自适》一首，曰：

> 近年稍谙时事，傍人休哂头缩。赌棋几局，输赢注正似世情翻覆。思算熟，向前去不如退后无羞辱。三般检束，莫恃微才，莫夸高论，莫趁闲追逐。虽都道，富贵人之所欲，天曾付几多福。傥来入手，还须做底用，看人眉目。聊自足。见放着有田可种，有书堪读，村醪且漉。这后段行藏，从天发付，何须问龟卜。

此词不知作于何年，其在仕明之前乎，抑在仕明引退之后乎？今不可知。要之季迪一人之心情，亦即同时一般儒士之共同心情也。彼辈之有志用世，率在元之末季，经乱而萌退隐之意，其卒仕于明，则本属意外，并多不获已而出，固非踊跃以赴者。兹特举季迪一人为例，标而出之，以为元明之际论世知人之一助。

抑余读季迪散文《凫藻集》，虽篇章不多，而讨论出处进退，独占其大部分，故知此问题，实为当时一般儒士之共同问题，亦元明之际时情世态一特殊之点也。兹再摘录叙述如次。

其《送二贾君序》云：

> 至正己亥，余阅江浙行省贡士目，有名祥麟祥凤者，其氏俱贾，盖兄弟也。乙巳春，二君得代告归，求赠言。余观二君之名而有感焉。夫麒麟凤凰，天下之瑞物也，出必当国

家之治。不治而出，非瑞矣。二君今归海隅，益习旧业，不急于其出，则所谓翔浮云之表，游大野之外也。他日应时而来，和其声，耀其文，则又为一时之瑞，不特瑞一家矣。

士处亡元之末叶，无意用世，相率遁隐，如宋景濂尤其皎皎者。季迪之勖二贾，亦此物此志也。

其《蜀山书舍记》有曰：

> 蜀山书舍者，友人徐君幼文肄学之所也。幼文自吴兴以书抵余，曰：吾山在城东若干里，吾屋在山若干楹，吾书在屋若干卷。山虽小而甚美，屋虽朴而粗完，书虽不多而足以备阅。吾将于是卒业焉。子幸为我记之。予惟幼文以方壮之齿，有可用之材，而不急进取，益务于学以求其所至，岂非有志之士哉！而予也，北郭之野有土，东里之第有书，皆先人之遗也，日事奔走而不知返，宜有愧于幼文矣。

盖当时群士之隐退，非无意于用世，亦将以有待焉耳。然亦必有可以为隐退之地，有屋有书，有田可耕，有山可藏，元虽不贵士，然其时为士者之物业生活，则超出于编户齐氓甚远，此当纵论及于元代之社会情况及其经济背景，非本文范围所欲及。要之即就明初开国诸儒之诗文集观之，亦已例证显然矣。故元代之士，上不在廊庙台省，下不在闾阎畎亩，而别自有其渊薮窟穴，可以藏身。其物业生活之不足以为士者，则多去而为僧道，为医，为风水师，为相人业，如是之类，尚犹于士为近。此乃中国历史上士之一变相,其情况可于景濂以下诸家集中见之。若其出而从政,实未能大有所作为,亦极于为吏而止,非古之所谓儒也。故元之儒士,乃别有其一番学统文统之见解,凭以自安自饰,景濂集中之所称道,即元之群士所共奉以为楷模者。刘文成于同时侪辈中必首推景濂,亦是故也。惟其当时之为士者,尚有物业生事可安,尚有学业文章传统可游其心以自尽。故彼辈虽上不在政,而于朝廷多崇重之意,未尝能廓开心胸,厝意于夷夏之辨,而于草野饥氓之群起而作叛,亦未尝无同情,而鄙贱之意态亦不能以自掩。刘文成最富经纶之抱负,其主张对治当时之群盗者,其大政方针,一则曰胁从可抚,一则曰为首必惩。彼辈之于明祖,其先亦何尝不以群盗视之。终为其物业生活之自计,不得已而仕焉,亦何尝有所谓驱胡虏而复中华之意气乎。此皆与当时之社会情况与其经济背景有关,此乃当时群士心理症结所在,而于其出处进退,亦可明其特殊背景与特殊心情之所在矣。

钱牧斋《列朝诗集小传》张简条引王元美曰:胜国时,法网宽大,人不必仕宦。浙中每岁有诗社,聘一二名宿如杨廉夫辈主之,宴赏最厚。饶介之分守吴中,自号醉樵,延诸文士作歌,仲简诗擅场,居首坐,赠黄金一饼。高季迪白金三斤,杨孟载一镒。此已在元明之际,江浙社会经济丰盈,诗文鼎盛,元廷虽不用士,而士生活之宽裕优游,从容风雅,上不在天,下不在地,而自有山林江湖可安,歌咏觞宴可逃,彼辈心理上之不愿骤见有动乱,亦宜然矣。

季迪又有《水云居记》,其言曰:

　　吴陵刘雨扁其室曰水云居,请余为之记。雨曰:吾少家江海之上,尝观夫洪波东驰,浮云飞扬,吾则拿舟以娱,溯洄澜,逐流景,与之俯仰而上下,心甚乐焉。今虽幸处毂下,顾以无材不能备世用,欲归还乡,复从二物者游,故名吾室以志之。余告之曰:云之与水,非隐者之所宜从也。子见其滔滔于江湖,悠悠于寥廓,若无事然,谓与己适相类也,欲狎而与之游。然不知舒布覆被而雨四海者云也,奔走放注而溉千里者水也。彼皆有泽物之劳焉。子乃以无事求之,吾悲水远逝而云高飞,皆将去子而不顾,尚得而与之游乎?子今遭逢明时,当奋扬其光英,涵泳其德性,进用于世,使所施有及于人,则二物者,皆即在子之身,无所往而不与之俱,又何求于渺漫杳霭之乡乎?

　　孔子曰:吾非斯人之徒与而谁与。季迪此文,罕譬而喻,亦可见季迪心中固非必归于为坚瓠之隐矣。

　　季迪又有《野潜稿序》,其言曰:

　　晋陵徐君,出其诗曰《野潜稿》,嘱余序之。夫鱼潜于渊,兽潜于薮,常也。士而潜于野,岂常也哉?盖潜非君子之所欲也,不得已焉尔。时泰,则行其道以膏泽于人民,时否,故全其道以自乐。时可潜矣而欲求乎显,则将枉道以徇物。时可显矣,而欲事夫潜,则将洁身而乱伦。故君子不必于潜,亦不必于显,惟其时而已。当张氏擅命东南,士之抠裳而趋,濯冠而见者,相属也。君独屏居田间,不应其辟,可谓知潜之时矣。然今乱极将治，君怀负所学，可终潜于野哉？

此亦论进退显潜之正义，而勉人以进也。

又有《送徐先生归严陵序》，谓：

严陵徐先生大年，被召至京师，与修元史，书成，诏择纂修之士官之，先生以老乞还甚力，会议修五礼，复留之。未几，书又成，先生固申前请，大臣知其志，不欲强烦以事，乃命有司具礼传送以归其乡。有言者曰：先生之学，宜备顾问，先生之文，宜掌纶绰。先生之经术操履，宜在成均为学者师。今皆不可得，顾令以布衣老于家。归虽先生之志，然岂不为司人物之柄者惜哉？余进而解之曰：皇上始践大宝，首下诏征贤，又责郡国以岁计贡士，欲图治平，甚盛举也。故待贾山泽者，群然莲庭，如水赴海，而隐者之庐殆空矣。先王之为政，莫先于顺人情，亦莫先于厚民俗。力有所不任者，不迫之使必为。义有所可许者，必与之使遂。所以人之出处皆得，而廉耻之风作矣。今先生以齿发非壮，厌载驰之劳，恋考槃之乐，上之人不违其请，盖将纵之山林，使其鸟飞鱼泳于至化之中，以明吾天子之仁，又将以风厉海内，使皆崇退让而息躁竞也。顺人情而厚民俗，实在于是。故宁失一士之用而不惜，以其所得者大也。况先生之归也，必能著书立言以淑诸人，咏赋歌诗以扬圣泽，则又非洁身独往而无所补者也。若余遭逢明时，不能裨益万一，怀恩苟禄而不去，于先生盖有愧焉矣。

胡元腥秽之治垂八十年，一旦荡涤廓清，与民更始，在上者望治殷而求贤切，虽一时闻风而来者未必皆贤，然其贤者实亦无拂衣必去之理。季迪此文，不从在下之求去言，乃从在上之许归言。在下者既志在求去，在上者亦不当坚絷不放，顺人情，厚民俗，持义正而所见远，不啻为求去者开一坦途。然季迪之自身乞退，则仍不能圆其说。年力尚强，又无老亲，乃必一意而求去，是非欲洁其身而乱大伦乎？在下者相率以求退之大义要其上，乃使在上者积忿内蕴，明祖之礼士甚至，而其待士也亦甚酷。而季迪之终以盛年乞退牵累受极刑，惜哉惜哉！

盖明祖之网罗群士，用心亦良苦。天下初平，百端待理，何暇遽为胜朝修史，而洪武二年，即诏修元史，征山林遗逸之士十六人共其事，正为牢笼诸贤设耳。牧斋《诗集小传》，大兵入燕，危素趋所居报恩寺入井，寺僧大梓力挽起之，曰，国史非公莫知，公死，是死国史也。兵垂及史库，言于主帅，辇而出之，累朝实录得无恙。入国朝，甚见礼重。明祖殆有感于此，心知修国史可以徕多士也。《小传》又云：上一日闻履声，问为谁？对曰：老臣危素。上不怿，曰：我道是文天祥来。遂谪和州。史亦称明祖言，素元朝老臣，何不赴和州看守余阙庙。清黄式三《儆居集·读严刻危太朴集》云：危氏之仕于明，犹草庐之仕于元也。危氏序《草庐年谱》云：屡聘而起，无意为世用。危氏以六十余龄之残躯，而值鼎革之运，岂其有所觊觎也邪？危氏以上书不报，退居房山四年，及顺帝已北，帖木儿花监国召之，复官仅一日而明兵入燕,是其人固在可以死可以无死之间者。声誉既高,明太祖召之,不能不出,而宋潜溪作墓志云:公春秋已高,雅志不仕,非虚语矣。明太祖自喜以夏变夷,鄙其不知时而诋之。黄氏此评,可谓无识。草庐无意为世用,是其心犹知有夷夏,乃不欲以汉人为胡元用也。危素之雅志不仕,特不忘胡廷,乃不欲仕新朝耳。元酋已北遁,素犹不惜一出其身,复官仅一日而明兵已入燕。其为人之无识可想。而当时群士竞重之,明祖亦不得不加礼,反感内郁,一时激发,亦可见当时上下心情之睽隔为何如矣!而明祖之薄待当时之群士,其心情岂不亦有所可谅乎?

又有黄晊殷士,金溪人,仕元为翰林待制,兼国史编修官。燕京既破,叹曰:我以儒致身,累蒙国恩,为胄子师,代言禁林,今纵无我戮,何面目见天下士。将投居贤坊井中,从人午出之曰:公小臣,死社稷耶?晊曰:齐太史兄弟皆死,彼不小臣哉?则给午还舍取告身,午喜,还报,已浮尸井中矣。事见傅维璘《明书·危素传》。素与晊同邑,少同学,相约死难,而素卒瞻顾不决,是素之为人,固不得比文天祥与吴草庐,亦复有愧于黄晊!

又按:《四库总目》有危素《说学斋稿》四卷,乃嘉靖三十八年归有光从吴氏得素手稿传钞,吴玉搢四库提要补正:引吴氏《绣谷亭薰习录》有《说学斋稿》一卷,云:震川归氏校定本,凡录文一百三十七首,以赋颂赞记序为次,而编不分卷,文不联牍,每篇自署甲子而已。有光跋称尚有其半而轶矣。余以所记甲子考之,止于乙未之岁,乙未为元顺帝至正十五年,是岁明太祖起兵,自和州渡江,更十有四年而元亡。此十余年间,正当南北兵戈俶扰之际,素以史事自任,其间岂无忧时悯世之作。迨身历承平,虽登禁从，而亡国之余，声华销烁，卒致触讳，此稿之轶，非无故也。志传称其集五十卷，大抵未有成书。今按：吴氏此项推想，大非无因，惜今已无可得其轶稿而详论之。然即如余所举明初诸臣集，其皎皎可考者，当时士群心情，已昭然若揭，则危氏一集之轶，正亦无足深惜耳。

今再论当时明廷之修史，其意实不重在修史。修史匆匆既毕，廷意方欲官修史诸人，而诸人乃相率乞去。不得已乃重修礼书。礼书又匆匆修毕，诸人又复相率求去。而此诸人，正是一时群士众望所归，则无怪明祖反感内郁之益深。历代开国，闻诛功臣矣，未闻诛士群也。明初此一悲剧，夫亦多方有以促成之。季迪亦以修史被召，寻入内府教功臣子弟，不遽责以吏事，在明祖，不可谓非已尽其优厚宽待之意。一日，骤擢户部侍郎，季迪乃直辞求去，乃赐内帑白金放还，此岂明祖所心乐？虽在季迪亦心存不安，今《凫藻集》中乃有《志梦》一篇，谓其与同辞归者谢徽两人，同时两得官，一乞归，皆先有梦，梦皆验，因谓得丧之数固皆定于冥冥而无逃，以戒世之役智力而骛驰者。余窃疑焉，无乃季迪之故为遁辞以自解脱其拂衣求去之无情欤？而季迪亦终以不免，良可惜矣。

季迪又有《归养堂记》，谓：

> 稽岳王常宗父，文行高峻，以布衣召修元史，书成，同馆之士咸得赐金币遣还，有欲荐入禁林者，常宗辞曰：吾母老，不乐去其乡，旁又无他子侍养，吾亟归尔。有疑者曰：吾闻为养而出仕，未闻舍仕而养也。余曰不然，为养而仕，抱关

于其乡，不必去其亲也。不舍仕而养，以受命有方，王事之
靡盬也。养虽常宗之志，归则朝廷之赐，名堂以示不忘，忠
孝之义在矣。

此又以朝廷之赐归美其上，而不悟赐者之非出于真诚，上下暌
隔，情乖志离，籍端诛锄之祸，遂此酿致，此非明初开国一至可遗
憾之悲剧乎。其相激相荡之势，治史者宜平心揭发其底蕴，固不
得一切归咎于偏面也。

季迪又有《安晚堂记》，谓：

> 同里朱君炳文以郡荐就试春官，既隽而将归，曰：天赉
> 吾家，使二亲康强具存，尝筑堂奉之，宽闲静深，可以燕娱，
> 欲吾亲之优游于是以乐其老，自题曰安晚，愿为记之。余谓
> 孝子之安其亲，宜无时而不然，何独于其老哉？若夫安之亦
> 有道，必也居而修诸身，出而事于君，皆尽其道，无一足以贻
> 亲之忧，则善矣。不务于是，而惟以口体之养为安，岂未知
> 其本哉？

此论辞婉而义正。当时群士方竞以不仕归卧为高，固非所以安
天下，亦非所以安其身与亲之道也。若得季迪此论，上下一心，
以安天下而兼安其身与亲者为务，则岂不为美哉？

余又按胡维鳞《明书·简祖英传》，祖英尝仕元，征赴阙，燕
劳之，赉以缣帛，不受。以为建平知县，不拜。以母老疏辞。其
略曰：

　　臣祖英九岁失怙，惟慈亲鞠育。少长知学，冀或用世，酬罔极之恩，臣之志也。向以叨食元禄，为何左丞真参佐，适值三山强寇，剽掠广城，一门妻女，死节者五人。老母陈氏，为所拘囚，臣隐忍不能即死，有愧石苞多矣。兹遇圣朝维新，率土效顺，臣母生还，虽不孝之罪难逃，而得以展其区区羝乌私情者，陛下之赐也。臣母子离散复完，白骨再肉，铭感圣德，虽九死其何能报？陛下复加甄录，寄以民社，此正臣陨首思效之秋也。而臣佻愿自惭不敢拜命者，以罪戾已深，不宜职在民牧。钦惟圣朝，以孝道治天下，以仁心怀远人。臣经事元朝，幸已逃诛，母年逾耄，孤苦特甚。伏望圣慈，矜其爱日之短，俾遂归养之愿。则臣母子拭目清平，讴歌圣德，为幸大矣。今臣年四十有九，老母年八十有一，西山之日，其来几何？苟违亲而事主，陛下安所用之。

上从其请，终老于家。然则仕元者不再出，以养亲为辞，明祖固不强挽，亦不心懥。许以如志，得获善终。如此之例，尚亦多有。则一时廷臣之多遭罪戾，固不得尽责之在上者可知矣。又简祖英《罪惟录》入《逸运外臣传》，并谓其《陈情书》称元而不云伪朝，卓哉不挠之节，是亦同可征明明祖之宽大。

季迪又有《槎轩记》，谓：

　　众槎之流，同寄于水，而洄薄荡泪，或沦于泥沙，或栖于洲渚，或为渔樵之所薪，或为虫蚁之所蠹，或乘洪涛，东入于海，茫洋浩汗，莫得知其所极。而亦有一槎焉，或垫或浮，或泛或止,方此倏彼而不可期者,水实使之也。然槎虽寄于水,而无求于水,水虽能使槎,而无意于槎,其漂然而行,泊然而滞,随所遭水之势尔。水盖未尝有爱恶于槎,而槎亦不知有德怨于水也。若余,天地间一槎也。其行其止,往者既知之矣,来者吾何所计哉。顾吾槎方止,幸不为薪且蠹,则是轩者,其沦栖之地乎?

此文作于洪武六年之秋,其身已退,方自幸其一槎之得止而不为薪且蠹,而翌年即遭腰斩之惨刑。季迪何不知人之于世,固不当以槎之于水相拟。人不能无求于世,世亦不能无所爱恶于其人,而奈何方以偶得止而不为薪且蠹自幸,卒乃遭此酷毒,惜哉惜哉!若以此文较之其《水云居记》之所云云,相去岂不远乎? 季迪邃于群史,殆犹未闻夫儒者安身淑世之大道,殆犹未免为时代之人物,乃亦同陷于此时代悲剧中,惜哉惜哉!

季迪又有《娄江吟稿序》,其文曰:

天下无事时,士有豪迈奇崛之才而无所用,往往放于山林草泽之间,与田夫野老沉酣歌呼以自快其意,莫有闻于世也。逮天下有事,则相与奋臂而起,勇者骋其力,智者效其谋,辩者行其说,莫不有以济事业而成功名,盖非向之田夫野老所能羁留而狎玩者,亦各因其时焉尔。今天下崩离,征戍四出,可谓有事之时也。予生是时,实无其才,故窃伏于娄江之滨以自安其陋。时登高丘,望江水之东驰,百里而注之海,波涛之所汹欻,烟云之所杳霭,与夫草木之盛衰,鱼鸟之翔泳,凡可以感心而动目者,一发于诗,盖所以遣爱愤于两忘,置得丧于一笑,初不计其工不工也。

此文殆在张氏据吴时,季迪避居青丘之所作,此即《野潜稿序》所谓耦耒耜之夫,谢干旄之使,匿耀伏迹于畎亩之间,真可潜之时也。然及洪武开国,乱极将治,君子不当终潜于野,季迪之为人谋者是矣,奈何其自处而复不然,此殆非季迪一人之咎。观于前引季迪诸文,可见其斟酌而未尽,徘徊而莫决之苦。治史者贵能论世以知人,我所谓时代之风气,时代之心情,当博观会通以深求其所以然,非凭一人或一事之所能率尔论定者。读者会其前后而观之,亦庶可了解此一时代悲剧之所由形成矣。

季迪又有《送江浙省掾某序》,其言曰:

近代之取人者有二焉,曰儒与吏。夫吏固儒之一事,非可以并称也。诗书礼乐,所以明道,律令章程,所以从政。不明乎道,则无以知出治之本。不从乎政,则无以周辅治之用。二道既分,儒忽吏为末,而谓之不足为。吏訾儒为迂,而谓之不足用。各视时之所尚以相盛衰,其为弊也久矣。国家自失承平,在上者欲其严办以供一切之需,故任吏尤专重,而儒有弗及者矣。呜呼!岂非其惑欤。亦窃求其故矣。盖谓今之儒未及于古,不足以称上之所使也。夫儒不能尽为古之儒,吏亦岂能尽为古之吏哉?是但知垂绅猎缨,空言而不切于事者之非儒,而不知磨铅削牍,拘法而不通夫义者之非吏也。余故尝感叹而思之,以凡在上者亦过矣。既又思之,亦儒之过焉。苟不以吏为不足为而兼通之,则周夫辅治之用,而其道岂不行乎?

此文作于元时。元政大弊,端在重吏而忽儒。明祖之起,其敬礼而罗致之者固多儒,且亦以儒道而罗致之。然其所以录用之者,则仍未免循元之弊。盖以旧之用吏者用儒,儒有不能吏事者,亦有不愿自屈为吏者。方其未仕,敬礼之、优渥之,皆所以崇儒也。及其既仕,束缚之、驰骤之,皆所以驭吏也。在上者心切望治,有其可谅。而在下者之不安不乐,宁求隐退以自全,亦有未可一概而议者。此其所以成为一时代之悲剧,而使治史者骤难于评判其是非之所在也。

季迪又有评史六篇,首篇《商鞅与范雎》,谓:

> 二人者虽皆不足言,然雎为犹胜。进退祸福之几,观鞅雎之事,后之人亦可以少鉴矣。

然季迪以盛年退隐,务求为范雎,而终不获其死,是亦良可慨矣。

余又读《洪武实录》,十二年十二月,上谓礼部诸臣曰:

> 朕自临御以来,十有二年,思得贤士以熙庶绩,然山林幽远博学老成之士,匿德藏光,甘于穷处,非招徕之不肯轻出,宜下有司悉心推访,礼送于朝,朕将显用之。

十三年六月召儒士刘仲海,敕曰:

朕以菲薄，深知寡昧，夙夜孳孳，思与海内贤哲之士共底隆平，虽求之日切，而至者恒寡。

是时明祖求贤恳切忍耐之意尚可见。及洪武十八年定《大诰》，其十条云：寰中士夫，不为君用，罪皆至抄剳。次年复作续编三编。《刑法志》：《大诰》者，患民狃元习，徇私灭公庚日滋。凡三诰所列，凌迟枭示种诛者无虑千百，弃市以下万数。林鸿父瀚仕元，弃官为黄冠，栖永泰山中十年，太祖闻其贤，诏有司强起之，遂自死，见《献征录》。许存仁告归，或曰主上方应天顺人，公宜稍待，不听，卒忤旨，逮死狱中。贵溪儒士夏伯启叔侄断指不仕，苏州人才姚润王谟被征不至，皆诛而籍其家。如此之例，觊缕难尽。谈迁《国榷》引何乔远曰：《大诰》之篇出，人人惴栗，吏畏民驯。其时征辟之士，有司督趣，如捕罪囚，仕于朝者，多诈死佯狂，求解职事。自非刚敏博达之士，温恭愍畏之臣，焉能胜其任而遇合乎。一时君臣乖违，相激相荡之势，于此可见。《大诰》之勒定，在季迪死后十一年，仕求亟去，既成为明初士群之共同心理，季迪生前又屡发上宜宽放之高论以助益其风。身既不免，而激流冲荡，一至于是，亦季迪所未料也。

又按史称季迪尝赋诗有所讽刺，帝嗛之。朱彝尊《静居志诗话》谓世传侍郎贾祸，因《题宫女图》诗，云：女奴扶醉踏苍苔，明月西园侍宴回。小犬隔花空吠影，夜深宫禁有谁来。孝陵猜忌，情或有之。然集中又有《题画犬》诗云：独儿初长尾茸茸，行响金铃细草中。莫向瑶阶吠人影，羊车半夜出深宫。此则不类明初掖庭事。二诗或是刺庚申君而作，好事者因之傅会也。今按：明初之诛杀群士，岂在于诗文笔舌之间，若余之所阐论，季迪之不保首领以殁，殆决不在吟咏。

又《明史》载朱同坐事死，而不著其详，蒋一葵《尧山堂外纪》云：同以词翰受知，宫人多乞书便面，一日，御沟有浮尸，帝疑之，遂赐死。《四库提要》有朱同《覆瓿集》，谓《外纪》说颇荒唐，未可信。陈田《明诗纪事·甲签》论此云：据《覆瓿集》，有遭诬得罪，赋诗见志云：四十趋朝五十过，典章事业历研磨，九重日月瞻依久，一代文章制作多。岂有黄金来暮夜，只愁白发老风波。归魂不逐东流水，直上长江诉汨罗。证其以赃罪见诛，而其遭诬亦可见。在当时，固亦有不求隐退，一意欲作忠良股肱而不得免者，即如宋潜溪刘诚意亦仅免而已，则季迪纵不乞身而退，亦宁必保其首领以殁？至于世传其《题宫女》诗贾祸，正犹如朱同多为宫人书便面得罪云云，是皆不足深辨也。

（四）读《苏平仲集》

苏伯衡，字平仲。婺之金华人。仕明为翰林院编修。乞告归养。景濂以翰林承旨致仕，荐以自代，召至，复固辞，赐文绮遣归。后起教授处州，以表笺忤旨坐罪，卒于狱。

集前有伯温景濂两序，伯温之序曰：

元承宋统，子孙相传，仅过百年，而刘许姚阎吴虞范揭欧黄之俦，诗文皆可垂后，则由其土宇之最广也。大明抚运，土宇之大上轶汉唐，下与元同而广于宋，虽混一未久，而高文宏辞,已有若翰林诸公,余故人苏平仲其一人也。

此文在洪武四年,平仲以翰林编修得告归金华时作,所引辞与今刊入文成集者有不同。前文成篇所引,殆是伯温存稿,直道心之所欲言,此引则辞多宽假,乃门面语,校其异辞,而伯温之内心昭然若揭矣。

平仲集中有《代翰林院劝进表》,有《国子学贺登极表》,有《代翰林院贺登极表》诸篇,皆仅言开国,不及攘夷,其《范氏文官花诗序》有云:宋德既爽,元入中国。元德既爽,皇明膺运。共叙三代之兴亡禅递,殆犹夏殷之后有周尔。其《虞文靖公真赞》,谓其接群儒之统绪,焕一代之人文。则平仲心中之元,与刘宋诸人所存无大异。

有《遂初先生郑君谥议》曰:

先生涵茹六经群史之说,研究性命道德之蕴,考求圣贤行藏之故,炳知内外轻重之辨。自放山林,无求于世,作为文章,有志明道。在前代,则持使节者交章荐举,署学校官而不赴。入国朝,则求贤之使,临门劝驾而不起,譬如冥鸿翔乎寥廓,弋人虽慕之,而不得罗致之。则其为学之效,又焉可诬也。

则其论出处进退,亦复情有偏注,可为当时士群心理之代表。牧斋《列朝诗集小传》引其赞戴良画像曰:其跋涉道涂也,类子房之报韩。其彷徨山泽也,犹正则之自放。其偏向之情更可见。

今此赞不见集中,岂戴良得罪死而避忌删去乎?

集中又有《南野堂记》,谓:

> 平阳张君子玉,家于坡南,居而安焉,安而乐焉。余观在昔君子,独乐山林,与世相忘,必天下承平而后遂。今子玉得托于田夫野老,日婆娑坡南,以适其适,盖由遭逢圣时也。向使夷夏未一,甲兵未戢,田里未安,里有桴鼓之警,门有追呼之及,子玉纵不与齐民奔命,能无忧思慷慨乎?坡南虽胜,亦岂能独乐哉!然居之胜如南坡,无地无之,自混一以来,何地不可居,而世之士率不甘浮湛闾巷中,慕当世之爵禄,求自异于稠众,不量力而冒进,不旋踵而倾覆者,皆是也。于是益知子玉之为贤,非他人所得而及也。

非太平则不得安隐,此义易知。然谓混一即是太平,此则沿自元儒心理,故外于民生治制而可以别自有其道统文统之寄也。然亦由明祖以严刑御群下,乃使当时之士,益增其求退之情,于此文盖可见。

集中有《元故广德路平准行用库副使郭君墓志铭》,谓昔有元以吏治抚诸夏,富贵之资,公卿之选,胥此焉出。又有《商山旧隐记》,谓:

> 国家兴王之初,庶事繁夥,非刀笔簿书,则无以记载施行,而吏由此见重。被选者觊幸速化,夤缘柄用,固亦多矣。不量力而任逾于器,不旋踵而触罪罟以陨其躯者,其岂少哉?

此言元尚吏治，明之开国亦复不免。幸进之徒多以罹祸，而怀道之士遂益急求退，此亦当时一实情。然在上者求治之心既切，而在下者求退之意亦不免于过迫，相激相荡，而使心存恬退者不获善终，如季迪平仲诸贤，均为此一时代之悲剧人物，后之读史者，所由低徊往复而不得不深致其悼惜之意也。

集中又有《送楼生用章赴国学序》，谓：

于戏！朝廷待诸生之优，诚前所未有。诸生生今之世，居今之学，不谓之厚幸，可乎哉！虽然，胜国之于诸生也，取之难，进之难，用之难者，无他，不贵之也。不贵之，以故困折之也。国朝之于诸生也，取之易、进之易、用之易者，无他，贵之也。贵之，以故假借之也。夫困折之，则其求之也不全，而责之也不备。假借之，则其求之也必全，而贵之也必备。诸生生今之世，居今之学，吾见其易成名也，吾知其难为称也。吾所为喜且惧也。

此亦当时一持平之论。贵于士，求全而责备，此亦明祖用人心理一症结也。

解缙之奏曰：

陛下进人不择贤否，授职不量轻重，建不为君用之法，所谓取尽锱铢。置朋奸倚法之条，所谓用之泥沙。监生进士，经明行修，而多困州县。孝廉人才，冥蹈瞽趋，而或布朝省。椎埋嚣悍之夫，剔履负贩之佣，朝捐刀镊，暮拥冠绅。

左弃筐筐,右绾组符。虽曰立贤无方,亦盍忱询有德。是故贤士羞为等列,阘冗习其风流,以贪婪苟免为得计,以廉洁受刑为饰词。出于吏部者无贤否之分,入于刑部者无枉直之判。天下皆谓陛下任喜怒为生杀,而不知皆臣下之少忠良也。

此奏谈迁《国榷》录在洪武二十一年,亦可以见明初用人之一斑,与平仲之文互证焉。

(五)读《贝清江集》

钱牧斋《列朝诗集小传》,贝琼,年四十八始领乡荐,张士诚据吴,隐殳山,累征不就。洪武三年征修元史,六年除国子助教,八年迁中都国子学助教。十年致仕,明年,卒于家。朱彝尊《曝书亭集·贝琼传》,称十一年九月致仕,明年卒。吴续《疑年录》,谓其生年当在元延祐四五年间(一三一七—一三一八)。今按:《清江集·甲辰元旦》诗:五十今朝过,谈经滞海滨。甲辰为顺帝至正二十四年(一三六四),上推五十一年,应为仁宗延祐元年,甲寅(一三一四),吴氏推误。自此下推四十八年——则为至正二十一年(一三六一),乃琼领乡荐之年。又其前二年,宋刘章叶已至建康,其下二年张士诚称吴王。洪武三年(一三七〇)始仕明,则琼年五十七。

《清江集》有徐一夔序,谓:

　　元季文章巨家，如虞揭欧黄相继物故，而宣城贡公泰甫，河东张公仲举，临川危公太朴，新安程公以文，四三君子者，亦各以宏才硕学，居朝廷制作之任，联芳而继响。时会稽杨公廉夫以名进士屏居吴淞江之上，啸傲烟月，亦以诗文自豪，有凌轹古今，磅礴宇宙之意，殆若不以台阁为泰，江湖为戚者。一时及门之士，先生盖其杰然者焉。余评其文，驰骤奇崛，才赡而气雄，惜其盛年遭时不偶，浮湛田里之间，山林之下，念有所属，亦时吐出胸中之奇，以泄其无聊不平之思。及值维新之朝，起自布衣，会国家方育材兴治，第所居官以训迪为职业，而长篇短章，亦不过应四方知己之请，而所以敷张神藻，润饰鸿业，以鸣国家太平之盛者，则亦未见其有数数然者焉。

　　一夔此序，作于贝氏之身后，其于元明易代大关节，平平叙过，而于元季文章之盛，廷臣师承所自，则娓娓道之，若有余情。其于《清江》一集，亦若同情其在元山林田里之文，而于仕明以后，则深惜其不获大用，如元时贡张危程之居朝廷制作之任焉。此见当时群士心理之狭隘，若谓可以不问国事民生而别有文章之盛者。即如宋景濂，岂不居朝廷制作之任，然同时文人亦复群议其不如元之诸钜公，并有谓其馆阁之文不如山林之文者。则何怪于《清江》一集，其仕明以后之作之不足以厌群望乎？今之慕西化者，大有抱欧美月圆胜过中国之感，明初开国群臣大觉新朝不如胜国，亦早有其例矣。

　　《清江集》有《乾坤清气集序》，谓：

有元混一天下,一时鸿生硕士,若刘杨虞范,出而鸣国家之盛,而五峰铁崖二公继作,瑰诡奇绝,视有唐为无愧。或曰:刘杨而下,善诗矣,岂皆李杜乎?则应之曰:韶濩息而鼓吹作,衮冕弃而南冠出,固有非李杜而李杜者也。前辈采而辑之曰皇元风雅,亦既行之于世。钱唐金弘氏,精选当代作者凡三十余人,题其集曰乾坤清气,后生新进,法诸古,参诸今,始可与言诗之味矣。

盖当元之世,文人自矜,必欲媲元于唐,群论成俗,廷臣亦无以自异也。

又有《陇上白云诗稿序》,谓:

余在钱唐时,与二三子录中州诗,总若干首,成编,题曰乾坤清气。盖元初文治方兴,而吴兴赵公子昂,浦城杨公仲弘,清江范公德机,务铲宋之陈腐以复于唐。其相继起于朝者,有蜀虞公伯生,西域马公伯庸,江右揭公曼硕,莆田陈公众仲。在外则永嘉李公五峰,会稽杨公铁崖,钱唐张公句曲,而河东张公仲举,亦留三吴,以乐府唱酬。金春玉应,骎骎然有李杜之气骨,而熙宁元丰诸家为不足法矣。下至四明黄公伯成,曲江钱公思复,亦皆卓然可观。若天台林显之所著《陇上白云稿》则未及见,且欲遍采四方之遗,兵变而辍。

此序作于洪武十年,距其编《乾坤清气集》已三十年,朝代已易,天地已变，廷臣亲仕明廷，而心存元世，其历数元代诗人，犹若不胜其兴奋向往之情者。又必欲谓其越宋而攀唐，几乎家太白而集杜陵，而不觉其出言之有惭。若为此于元之季世，子诚元人也，则知元而已矣，是犹可也。今亲为新朝掌教职，为文学之臣，苟非其心诚谓其若是，则何为言之若是其娓娓乎？周虽旧邦，其命维新，今以言夫明初，则明虽新邦，而其情维旧矣。此虽廷臣一人之言，然使举世群士不以为然，廷臣亦不敢为此逆情违众之言也。

其诗有五言《书事二十韵》，谓：

> 父老歌延祐，君臣忆至元。清光回日月，喜气入乾坤。不意经沦丧，相图事并吞。管葛真难致，孙吴莫易论。如何轻大业，俱是窃殊恩。飘零从老去，局促偶生存。醉忆刘琨舞，狂兴阮籍言。登临只洒泪，去住总销魂。

此诗经乱思昔，犹之历天宝而数开元也。廷臣非用世才，然其于故国旧君，思欲有所靖献，则固未入明前之一番抱负，亦无以异于明初之其他诸士也。

又有《送潘时雍归钱塘》诗，谓：

> 子实济时具，飞腾方在兹。匠石既已遇，小大随所施。从容宰相前，奋舌论安危。岂无一尺箠，盗贼不足笞。

是廷臣虽不自得志，犹望之友生，而谓盗贼之不足平，中兴之犹可冀矣。惟以《清江》一集较之刘诚意集，则意气之间相去甚远。盖伯温抱济世才气，终思牛刀一割，而廷臣乃文士，则亦仅见之于感慨与期望，而感慨亦不深，期望亦不挚，惟其心存昭代，则终自不可掩耳。

然余读《清江集》，实亦有超越一时之见，流露于不自觉者，此亦不可不表而出之。集中有《复古堂记》，谓：

> 孔子生春秋时，往往伤今之不如古，则春秋已非古矣。矧距孔子二千余年，中国胥沦于夷，至变其嗜好，变其语言，先王之法，荡然无复存者，可胜叹哉？有能以复古为事，岂非性之独异乎人，出于气习熏陶之外也。

此文据四部丛刊本，乃作于洪武一年岁丁巳冬十月。按丁巳应为洪武十年，丁未乃元顺帝至正二十七年，明祖定是年为吴元年，是年十月，遣徐达常遇春北定中原。翌年，明祖以吴王即皇帝位，定号曰明，建元洪武。通观此文之全体，殆不似作于洪武之十年，疑丁巳当是丁未之误。则此文正作于元明易代之际，而称洪武一年，盖是洪武建元后改定，已不欲复以至正纪年也。文中谓中国胥沦于夷，先王之法荡然无存，即此两语，可称朝阳鸣凤矣。

集中又有《东白轩记》，谓：

> 自周之迁，历春秋战国，则既昏而白于汉。自汉之亡，历南北六朝，则既昏而白于唐。五季大乱已极，至宋始白。

而礼乐文物为近于古。宋讫而中国复沦于夷狄，君子于此盖深伤之，必有继宋之白于百年之后者。越二十年而大明肇兴。

是于二十年前而廷臣已有此言。故曰：

> 余既喜其言之符，尝欲为说以著其无往不复之理，而姚江虞玄佐氏，有读书之所，题曰东白，命其从子来谒记，乃书以复之。

今不论二十年前能为此言者有几人，即二十年后肯为此言者又几人，后之考文读史者，获睹《清江》一集《复古堂》《东白轩》两记，亦庶可稍释其所遗憾矣。

然廷臣本非干济才，情不存于进取，其《赴召留别诸友》诗云：

> 用世非拙迂，白首在山林。诗书况久辍，礼乐非所任。王事忽相縻，遂令违我心。迢迢适西道，恻恻辞东岑。中田泽雉雏，古木鸧鹒吟。所亲亦胡越，耿耿辰与参。愁来一回首，涕下徒沾襟。终当反田里，灌园希汉阴。

时已洪武三年，元帝北遁，天下方一。朝命初颁，而赴召时之心情如此，余可想矣。

其《四月十日儿子翱𦒾来凤阳，留一月，遣归，因令早营草堂

殳山下为止息之所云》一诗,谓:

> 既非匡世资,庶遂陶阮逸。

其乞告得归,盖亦六十五岁矣。

集中有《古意》三首,其一云:

> 六国多好士,堂上各三千。所亲苟不慎,祸福恒相因。
> 李园贼黄歇。冯驩复田文。种桃得秋实,蒺藜徒刺人。

时明祖既多方求贤,天下耸动,朝廷大臣殆亦多务延揽。《胡维庸传》称四方躁进之徒,及功臣武夫失职者争走其门,及诛,连坐死者至三万余人。廷臣此诗,殆亦目击有感。则其时虽多恬退之士,更多躁进之徒。惟多不贤之躁进,乃益坚贤者之恬退。明初既用士无制,而诛士亦无度,革命之际,一切草创。五季无士,宋祖乃以不戮士人之家教传誉后代。元末多士,明祖乃以草菅士命贻讥载籍。史迹之变,有未可资一端以为论定者。而在明初群士中,廷臣终亦克保首领以没,则士之自处,亦非尽在幸不幸之两边也。

(六)读胡仲子集

余读明初诸臣集,有一人焉,当为大书特书者,曰胡翰仲申,有《仲子集》。钱牧斋《诗集小传》谓国初大臣交荐其文行,上闵其老,命为衢州教授。召修元史成,赐金帛遣归。洪武辛酉四月卒,年七十五。潜溪遭时遇主,一时高文典册皆出其手。仲申老于广文,位不配望。是以天下但知有潜溪,鲜知仲申。《四库提要·仲子集》,称今印本罕传,惟写本犹传于世。清季胡凤丹印《金华丛书》,有《胡仲子集》,谓是编借钞于应敏斋方伯,系写本。文九卷,诗一卷,与四库书目符。《仲子集》之流传未广,于此可见。然《皇明文衡》所收仲子文颇不少,而其《衡运》《正纪》《尚贤》《井牧》《慎习》《皇初》六论,尤为体大思精。此六论又收于全谢山《宋元学案》中。则《仲子集》虽不显,其为识者所珍视可知。

兹当摘述六论大意。其《衡运》篇云:

> 天生仲尼,当五伯之哀而不能为太和之春者何也? 时未臻乎革也。仲尼没,继周者为秦为汉为晋为隋为唐为宋,垂二千年,犹未臻乎革也。泯泯棼棼,天下之生,欲望其为王为帝为皇之世,固君子之所深患也。

窃疑《衡运》诸篇殆成于元季,然文中历数秦汉晋隋唐宋,上不及拓跋魏,下不数胡元,而谓泯泯棼棼,天下之生望其有革,固君子所深患。呜呼伟矣! 其意境殆非当时诸儒所能量。巨眼先瞩,可谓深识之士矣。

其《正纪》篇云:

> 大纪不正,不足以为君。地纪不正,不足以为国。人纪

不正,不足以为天下。何谓天纪,天子受命于天,义至公也。虞夏商周之取与异道,皆推至诚以顺天者也。而后世欲以诈力为之,始乱天下之大义矣。何谓地纪,中国之与夷狄,内外之辨也。以中国治中国,以夷狄治夷狄,势至顺也。由汉之后,汩天之纪者,莫曹操若也。汩地之纪者,莫刘渊若也。杨广弑父与君,天下之首恶也,与天下诛之,天下之大义也。不知出此,而从事于繁文伪饰,是以魏晋自处矣。虚漠南之境,徙其部落,居吾内地,留其君长,备吾屯卫,而帝加号天可汗,刻之玺书,是以夷狄自处矣。以夷狄处者,以夷狄与之,以魏晋处者,以魏晋与之,《春秋》之义也。盖将以正天地之纪也。天地之纪不正,虽有人纪,君臣也,父子也,夫妇也,朋友之交也,长幼之序也,何自立哉?而人纪之在天下,固有不可泯焉者也。当魏晋之初,毛玠荀彧,虽以操之奉献帝为扶弘义,示至公,而当时之士,如甘宁周瑜金祎耿纪之徒,奋不与之。渊虽尊汉安乐,自谓汉氏之甥,而孔恂逆知其奸,睦夸不仕其朝,忠臣孝子,遭时多难,未尝不骈首接迹于当世。鼎镬在前而不辟,刀锯在后而不顾,吾以是知生人之纪未尝泯也。

伟哉此论!元明之际诸儒知此者又几人?明末大儒黄梨洲《原君》能明天纪,王船山《噩梦》《黄书》能明地纪,顾亭林《日知录》论风俗,能明人纪。明其一,斯必兼明乎其二矣。明初诸臣,极其所至,徒知拳拳乎人纪,而亦岂能明人纪之大本大原所在乎?仲子之论,可谓逴乎独出矣。

其《尚贤》篇有云：

亡国之人，非尽不肖，兴王之臣，非必皆贤。天之生才，何代无之。遇之以道，则耕筑渔钓远迹田野海滨之人，皆起而任公卿大臣之责，伊尹傅说太公望之于商周是也。遇之不以其道，虽千乘之国，万钟之粟，曾不足以延搢绅游谈之士，孟轲氏之于齐梁是也。商周之盛，上无旷官，下无遗才，其君臣遇合盖如此。周德既衰，春秋战国之际，侯嬴，魏夷门监也，而魏之公子枉车骑虚左迎之。毛遂，赵下士也，而楚烈王愿奉社稷歃血听之。鲁仲连，东海布衣也。居邯郸围城之中，不肯西面而帝秦，人以为天下士也，謷然负其高世之志，伸大义于诸侯之上。汉唐数百年之盛，未有肖其风烈者。高帝太宗，解衣辍哺，倾身散财，从海内之士，举天下于反掌之间，传世永久。当是时也，曰奇士者有矣，曰国士者有矣，求所谓天下士，果何人哉！

又曰：

人主之心，其精神念虑，与天地相酬酢。苟积至诚，廓大公，求天下之贤以寅亮天工，孰不风动而应之于下。天下至广，人才至众，其要莫先于论相。相之贤否，官之得失所系也。官之得失，政之隆替所系也。由君子言之，是犹后世之论相也，未能尽古之道也。盖至赵宋而后，世之君子，有以此为任者，而其主不能择也。

此与黄梨洲《原臣》《置相》篇所论,大略相似。谓汉唐数百年之盛,有奇士,有国士,而无天下士。又谓相之贤否,为官之得失政之隆替所系,是犹后世之论相,是仲子心中之所谓相,犹不止此,是皆旷世伟论也。

其《井牧》篇有云:

井田之法行,民有十便,其谓不可为者,盖亦有二焉。穷天下之力,倾天下之财,非数十年之久不克溃于成。非大有为之君,不能致其决,此一也。中古以降,淳厚之俗薄,浇伪之风炽。恭俭之化衰,功利之习胜。经久之虑少,侥幸之散多。以限田抑富强,犹有挠之者,况使尽弃其私家之产乎?以均田授农民,犹有不能周之者,又况生齿滋众之时乎?怨归于上,奸与于下,此二也。

其《慎习》篇有云:

由秦以来,天下之变数矣,议者莫不慨然欲追复先王之旧,历汉唐千数百年而卒循乎秦人之散者,荀卿子曰法后王,盖有以启之也。惟圣为能尽伦,惟王为能尽制。三代之兴,其王皆圣人也。其所以为天下者,莫不本之天理,要之人心。春秋讥变法而大复古,岂好为异哉!夫与世迁徙而俯仰者,战国之遗习也。卿学术不醇,而遂以毒天下。太史公曰:法后王,以其近己而俗变相类,议卑而易行也。天下有能知其近而相类者为不可法也,卑而易行者为不可行也,则秦人之敝去矣。

其《皇初》篇云:

天下同由之谓道,同得之谓德,同善之谓性,同灵之谓心。道一也,人皆由之而有不由者焉。德一也,人皆得之而有不得者焉。性一也,人皆善而有不善者焉。此人也,非天也。心不能尽性,则不能尽德矣。不能尽德,则不能尽道矣。故虽天也,莫与能焉,而成能者圣人也。此圣人所以为万世开太平也。鸿荒之世,天地草昧,民物杂揉,穴居野处,与蚊息蠕动之属不异也,而不以为垫。毛食血饮,虽鸷击犷搏之属不异也,而不以为臊。蒙以羽革草木,而不以为野。堪以积薪,而不以为薄。约以结绳,而不以为愚。其民安之,免于饥寒而不及于灾患,斯可矣。五龙燧人,彼十有七氏者,何氏也?九头摄提,彼十纪者,又何纪也?其人果圣而世果治也欤?宜于此有以变而通之矣。何至委其人于颛蒙倥侗之域,累数十万年同于禽犊,而不少拯之。岂天生民立君之意乎?必不然矣。圣人不言者,盖无稽而慎之也。山川之风气不同,五方之民异俗,古今之风气不同,历代之治异宜,其要皆所以纳民于道也。及周之衰,王降而为伯,伯降而为战国,诸子分裂圣人之道,人骛其私智异说,刑名农墨之家,崇俭质,尚功实,而老子贵清净,将弃仁义,蔑礼法,与天下共反其朴于太古之时,意在惩周之弊,而非大公至正之道也。汉用其术,文景之世,天下无事,最为有效,而非五帝三王之所尚也。圣人之道，譬之天地，而天地之所以为天地者，易简而已矣。圣人在位，大之为朝廷之逊禅，父子之继立，变之为征讨君臣之革命，皆天命所当然。重之为郊庙社稷之事，公卿大夫贤不肖之黜陟，下至闾井伍牧之赋，庠序之教，关市权衡度量之制，刑赏之具，礼乐之用，皆民生之不可去者也，亦行其所无事而已矣。故圣人之心，天地之心也。圣人之性，天地之性也。圣人以其心溥万物而物无不平。以其性尽万物而物无不成。有生者各一其性，有知者各一其心。声气之同，捷于桴鼓。念虑之孚，坚于金石。故曰天地感而万物化生，圣人感人心而天下和平。圣人之化如神，而人不与知焉。圣人之化如天，而神不与能焉。荡荡乎！平平乎！皇极之道也，而非老氏之所谓道也。苟不为皇，犹当为帝。苟不为帝，犹当为王。降是而霸，圣人之徒羞称之矣，矧汉以下乎！

仲子六论大旨，具如上引。其学盖原本宋儒，而一于治道焉发之。上下千古，骏迈恢伟，即求之两宋，亦少其匹。厥后梨洲著书，称《明夷待访录》，亭林为《日知录》，自称意在拨乱涤污，古法用夏，启多闻于来兹，待一治于后王。又曰：有王者起，将以见诸行事，以跻斯世于治古之隆。仲子当元之季世，避地南华山中著书，盖亦下同黄顾之用心矣。仲子卒在洪武辛酉，是洪武之十四年（一三八一），仲子年七十五。是仲子生年当在元延祐丁巳四年（一三一七），较之贝清江，尚晚生三岁，较之刘诚意，尚晚生六岁，其在洪武初元，应年五十二，而牧斋《诗集小传》谓上闵其老，命为衢州教授，此据景濂集，其然！岂其然乎！余读傅维鳞《明书·胡翰传》，谓上悯翰老儒，不欲烦以事，授衢州教授，此独得之。盖明祖特悯翰之为老儒，非悯翰之老也。

《仲子集》有《与孔元夫按察书》，谓：

> 仆委巷之人也，非有高蹈远引之志以偃蹇傲俗，又非有良田广宅优游卒岁以自足，岂不知君臣之义无所逃于天地之间。顾惟孱弱多病，中年屡更忧患，颐颔发一痏，支缀视息，已近废人。如是者十余年。比罹兵变，窜身山谷，自腰及髀，遂成重腿，仓卒弗治，循至足疾，如是又数年。平生迂拙，百事堕人后。今五十有九矣，往岁朝廷急求才，过听人言，移文见征，有司敦迫就道，及至金陵，入觐主上，退谒今相国李公于中书，一省之属见之，始知仆诚羸疾人也。留省署两月，察其学与才，又益知其迂阔不及事者也。遂以学校之职授之，特不欲以儒见弃耳。承乏既久，虚糜廪食，无补名教，今年士人家见录至公文，仕宦及闲良人才残疾老病者，容其乞身，不觉喜形于色。阁下乃欲以不肖之名举而进之，不探其茕独衰病有大不可者乎？

此书虽极道衰病，然辞里行间，固不专以衰病乞退，故曰察其学与才，又益知其迂阔不及事，是仲子固深知其于时为不偶矣。且自五十九下至七十五，尚十六年，则岂诚衰病难支乎。

余考《苏平仲集》，有《送胡先生还金华序》，又有《祭胡先生文》。其祭文曰：

呜呼仲申，良金美玉，庶足以方公学术之精纯。商鼎周彝，庶足以拟公述作之古雅。惟严毅以自持，曾毁誉之不假。故不合者甚多而合者恒寡。

又曰：

宝怀而不售，材蓄而不试。代言顾问，上虽注意于柄用。引年乞归，公则必行其素志。

此亦见仲子之不以衰病退。

又按《潜溪集》有《胡仲子文集序》，谓：

韩退之抗颜师一世，自李习之以下，皆欲弟子临之，而习之睿然不甚相下，崇言正论，往往与退之角。濂尝以为习之识高志伟不在退之下，遇可畏如退之而不屈，真豪杰之士哉！古之君子，其自处也高，其自期也远，自视也尊，其择师与友也审，举天下无足慊吾意者，则求古人之贤者而师友之。苟有得于心矣，当时知否不恤也，身之贱贵勿论也，行之为事功，宣之为言论，一致也。其心廓然会天地之全而游乎万物之表，视古今如一旦暮，视千载以上之人，若同堂接膝而与之语，何暇以凡近者累其心乎？吾友胡先生，同郡大儒若吴贞文公立夫，先生尝师事之，吴公亟称其才不置。黄文献公晋卿以文学名天下，见先生，辄延致共语，所以期待者甚隆，而先生不为之屈也。诸公既亡，先生之学益成，行益修，德愈邵，而文愈雄。大江之南称贤者，必曰先生。今天下有国之初，大臣交荐先生才行，上悯其老，不欲重烦以政，命为衢州教授。会修元史，复荐入史馆，史成，赐金帛遣归。或谓先生未展其所学，而先生瀄如也。先生尝慕邵子程子之为人，其所著《衡运》《井牧》《皇初》诸文，有习之之辞，而所得者非习之所及也。濂与先生同师于吴公，相友五十余年，发秃齿豁矣，见世之士多矣，心之所仰而服者惟在先生，则先生之文，岂独今之所难遇乎？

观景濂之所言，亦可约略推见仲子之所以不见用于当时之所在矣。又潜溪平仲于仲子皆称先生而不名。而潜溪与仲子为同学，又年长，其称仲子为先生，更非偶然。《罪惟录》载仲子悯潜溪攻举子业，遗书招之，仲子意境洵为卓越矣。明祖求贤如不及，然用贤果何如乎？昔汉武能敬惮汲黯，唐太宗能优容魏徵，明祖似无此识量，窃恐仲子亦不以汲魏自限。胡维庸之死，明祖欲兴师海外，李文忠谏之，明祖曰：此儒生家言，何得出卿口？文忠病悸不治，年四十六。文忠尝师仲，讲宋儒性理，亦见《罪惟录》。如文忠尚不能容，则仲子何论矣。则如傅维鳞之所谓悯其老儒者，岂不宜乎？

牧斋《时集小传》又谓：天下但知有潜溪，鲜知仲申，仲申没后二百四十余年，吴郡朱良育叔英始并论此两人，则仲子之不为人知也久矣。盖仲子之于明代，其人在若存若亡间。仲子著书，其心未尝欲用于元，而全氏《学案》亦终以仲子入元儒，此余所以作为此篇，而尤深致慨于仲子之一集也。

（七）读《九灵山房集》

有立志不仕明廷者，此亦不可以不志。《明史》载戴良王逢不忘故主，每形于歌诗，故卒不获其死。王逢有《梧溪集》，戴良有《九灵山房集》，四库皆以入元代。钱牧斋《列朝诗集小传》王逢条，称逢至正中有《河清颂》，为张氏画策，使降元以拒明，故其游昆山怀旧伤今之诗，于张楚公之亡，有余恫焉。而至于吴城之破，元都之亡，则唇齿之忧，黍离之泣，激昂忼叹，情见乎词。前后《无题》十三首，伤庚申之北遁，皇孙之见俘，故国旧君之思，可谓极矣。谢皋羽之于宋，西台之记，冬青之引，其人则以甲乙为目，其年则以犬羊为纪，庾辞谲语，暗哑相向，未有如原吉之发摅指斥，一无鲠避也。《戊申元日》则云：月明山怨鹤，天黑道横蛇。《丙寅筑城》则云：孺子成名狂阮籍，伯才无主老陈琳。殆狂而比于悖矣。或言犁眉公之在元，筹庆元，佐石抹，誓死驰驱，几用自杀。佐命之后，诗篇寂寥，彼其志之所存，与元吉何以异乎？呜呼！皋羽之于宋，原吉之于元，其为遗民一也。然老于有明之世二十余年矣，不可谓非明世之逸民也。余按潘圣樟《国史考异》，亦谓张士德归元拒明，据王逢《梧溪集》，乃逢之谋。此事亦见《明史》逢传。而牧斋以逢比谢皋羽，则拟不于伦矣。逢籍江阴，祖世华裔，远自百世以前，乌得为元遗民乎？

今按《九灵集》附赵友同所为墓志铭有曰：

先生诗名，雄视东南，家居远城邑，朋游讲习颇艰，即买地县西,结屋数十楹,日与同辈讨论濂洛性理之微言。居无何,起为月泉书院山长。至正辛丑,擢授中顺大夫,淮南江北等处行中书省儒学提举。然时事已不靖,乃浮海至中州,欲与豪杰交而卒无所遇,遂南还四明。国朝洪武壬戌,以礼币征,至京师,上欲用先生,以老病固辞,颇忤旨。待罪久之,一日感微疾,遂端坐卒于寓舍,实癸亥四月。享年六十有七。

又按全祖望《鲒埼亭集外编》有《九灵先生山房记》,谓:

> 明兵定浙东,九灵避地于吴中,依张氏。久之,挈家浮海至胶州,欲投扩廓军前,不得达。久之,浮海至宁,时洪武六年矣。又十年而被征,太祖欲官之,九灵不可,忤旨下狱。明年暴卒,钱尚书受之以为自裁（按《曝书亭集》亦谓卒于狱）。或云,明兵入金华,九灵曾见太祖公云,乃世俗流传诬善之词。九灵以不肯屈身而被系,使其出于自裁,固为元毕命。即令以瘐死亦为元也。古来丧乱人才之盛莫如季宋,不必有军师国邑之人,即以下僚韦布,皆能砺不仕二姓之节。此宋人三百年尊贤养士之报也。元之立国甚浅,崇儒之政无闻,而其亡也,一行传中人物,累累相望,是岂元之有以致之,抑亦宋人之流风善俗,历五世而未斩,于以为天地扶元气欤。

今按全氏发明九灵心事,较之赵氏,其辞远为显白,以赵氏当时,犹有所避忍也。至以宋元两季人物并论,皆目以为天地之元气,其论本之黄梨洲,则民族正气,梨洲亦有所不了,梨洲之论,又本之钱牧斋,牧斋屈节清廷,更无足深论。

《鲒埼亭集·九灵山房记》后,又继之以《海巢记》,论及丁鹤年。丁鹤年乃色目人,自以家世仕元,不忘故国,庚申北遁后,饮泣赋诗,戴良为之序,谓其一篇一句,皆寓忧君爱国之心,读之不知涕泗之横流。此在鹤年犹可。如王逢戴良,岂亦所谓子诚元人也,知有元君而已乎。然谓之忧君,所亏尚远,谓之爱国,则何颜之厚。明祖有放元官还塞北之举,傅维鳞《明书·蔡子英传》,子英逮至京,太祖令置外舍沐,欲官之,子英退而因舍人上书,曰:皇帝恢廓宏度,曲宥亡国之臣,不自死,惭负皇帝。臣有痼疾,迷于心志,药石匪解(痼疾两句见《罪惟录》)。臣窃惟少本书生,夺志行伍,过辱北帅知荐,仕底七命,跃马食肉,十有五年,一遭板荡,靦颜失节,皇帝幸哀怜臣,毋血藁街,以投瘴海,御魑魅无人之境,臣若茹荠。帝太祖益重之,阴戒舍人,谨事子英亡恙,以旦夕闻起居,毋令天下谓我有杀义士名。自是每夜深号不止,舍人问之,曰:我自念故主耳。乃具状闻。上叹曰:吾何苦一蔡子英,彼喋喋泉下訾我哉!纵出塞,追元故主于和林。然则明祖之待元臣,亦可谓仁义备至矣。其失节仕明如危素辈,固使明祖意轻不服,至如戴王之流,实亦尚不能如蔡子英,尚未具备放之去漠北之资格,然亦所谓痼疾迷心者。明祖隐忍不发,亦有其不得已。而戴王死后,其姓字声名,尚犹流传不歇,较之胡翰陈谟辈,转若显焕,而如蔡子英之徒,则知者鲜矣。此亦有明一代文士大夫之耻也。犹幸此后建州入主,明臣忠烈接踵,可以相为掩盖。然戴王诸人之遗羞国史，则终亦无可洗涤也。

牧斋《列朝诗集小传·甲前集》陈基条，谓基参张士信军事，自杭来吴，参太尉府军事。吴平召入，预修元史，赐金而还。基在藩府，飞书走檄，皆出其手。敌国分争，语多指斥。吴亡，吴臣多见诛戮，而基以廉谨得免。今所传《夷白集》，指斥之词，俨然胪列，后人亦不加涂窜，太祖之容基，何啻魏武之不杀陈琳。圣朝宽大垂三百年，语言文字一无忌讳，于乎休哉！余未获见《梧溪集》，然《夷白斋集》乃由戴良编次，复有良序，兹节录如次，其文曰：

世道有升降，风气有盛衰，而文运随之。周衰，圣人之遗言既熄，诸子杂家并起而汩乱之。汉兴，董生司马迁扬雄刘向之徒出，而斯文始近于古。至唐之久，昌黎韩子以道德仁义之言起而麾之，然后斯文几于汉。宋庐陵欧阳氏又起而麾之，而天下文章复侔于汉唐之盛。我朝舆地之广，旷古所未有，学士大夫乘其雄浑之气以为文者，固未易以一二数。然自天历以来，擅名于海内，惟蜀郡虞公，豫章揭公，金华柳公黄公而已。盖方是时，祖宗以深仁厚泽涵养天下垂五六十年，而戴白之老，童儿幼稚，相与鼓舞于里巷之间，晏然无以异于汉唐宋之盛时，故一时作者，率皆涵淳茹和，以鸣太平之盛治，其摛辞则拟诸汉唐，说理则本诸宋氏，而学问则优柔于周之未衰，学者咸宗尚之，并称之曰虞揭柳黄，而本朝之盛极矣。继是而起，以文名家者，犹不下数人。如莆田陈公之俊迈，新安程公之古洁，临川危公之浩博，彬彬郁郁，何可及哉！而得先生以绍其声光，我吴王闻其学，即以枢府都事起于家，不数年间而长其省幕，其后由参军升内史，迹愈显而文愈工，自周衰以来至于今几二千年，斯文能自振拔以追于古者，惟汉唐及宋，及我朝，而四世之中，士之卓卓可称者，又常不过数人焉，何世之不数而人之难得若是欤？

此文收《九灵山房集》，不见写作年月，而《夷白斋集》有之，为至正二十四年甲辰五月。是年，明祖建号曰吴，汉主陈友谅已先一年卒，至是汉降，再三年，吴王张士诚被执，徐达等率师北定中原，翌年，克元都，元帝北遁，距良为此文前后四年。而良方以元之盛运上拟周汉唐宋，以元之作者虞揭柳黄之徒上比董马韩欧，而谓是国家深仁厚泽涵养之所致。读其文，可征其无识。史称良依张士诚，知其不足与谋，挈家浮海至胶州，欲间道归王保保，会道梗不达。洪武六年南还，变姓名隐四明山，十五年征入京，犹不屈。一为胡臣，矢死不二，以视刘诚意之自致于功名者尚不失为一志节之士。呜呼！良可吁矣。

《九灵山房集》复有《皇元风雅序》，可与上引文相证，兹再节录如次。其文曰：

> 气运有升降，人物有盛衰。汉去古未远，风雅遗音，犹有所征。魏晋而降，三光五岳之气分，而浮靡卑弱之辞遂不能以复古。唐一函夏，文运重兴，李杜出焉。宋欧苏王黄之徒，亦皆视唐为无愧。然宋诗主议论，则其去风雅远矣。能

得夫风雅之正声，以一扫宋人之积习，其惟我朝乎？我朝舆地之广，旷古所未有。学士大夫乘其雄浑之气以为诗者，固未易一二数。然自姚卢刘赵诸先达以来，若范公德机，虞公伯生，揭公曼硕，杨公仲弘，以及马公伯庸，萨公天锡，余公廷心，皆其卓卓然者也。至于岩穴之隐人，江湖之羁客，殆又不可以数计。盖方是时，祖宗以深仁厚德涵养天下，垂五六十年之久，而戴白之老，垂髫之童，相与欢呼鼓舞于闾巷间，熙熙然有非汉唐宋之所可及。故一时作者，悉皆餐淳茹和，以鸣太平之盛治。其格调固拟诸汉，其理趣固资诸宋氏，至于陈政之大，施教之远，则能优入乎周德之未退，盖至是而本朝之盛极矣。继此而后，以诗名世者犹累累焉。皆本之性情之正，基之德泽之深，流风遗俗，班班而在。刘禹锡谓八音与政通，文章与时高下，岂不信然欤。此《皇元风雅》之书所为辑也。良尝受而伏读，于凡学士大夫之咏歌帝载，黼黻王度者，固已烜耀众目，而隐人羁客，珠捐璧弃于当年者，亦皆兼收并蓄，如武库之无物不有。我朝为政为教之大，与夫流风遗俗之可概见者，庶展卷而尽得。其有关于世教，有功于新学，何其盛也。明往圣之心法，播昭代之治音，舍是书何以哉？

此文与《夷白斋集》序陈义相同，即遣辞亦有重复，知两文写作年代必相接，殆同出元之将亡也。良之自赞，谓歌黍离麦秀之诗，咏剩水残山之句，而苏伯衡赞其遗像有曰："其跋涉道途，类子房之报韩，其彷徨山泽，犹正则之自放。世今若山斗之共仰，公遽驾风霆而长往。后死者之瞻遗像,安得不慨斯文之将丧。"时良死已八年,洪武十六年良死,至是当为洪武之二十四年。读苏氏之赞,洪武一朝文字禁网诚为宽大,而斯文将丧之叹,则宜古今同之矣。

又按:叶子奇《草木子》言,元自混一以来,大抵皆内本国而外中国,内北人而外南人,以至深闭固拒,曲为防护,自以为得亲疏之道。是以王泽之施,少及于南,渗漉之恩,悉归于北。故贫极江南,富称塞北,见于伪诏之所云也。迄今天禄之迁,尽归于南,此可以见乘除胜复之理。然如戴良王逢皆南人,其耿耿于胡元,至死不变,一身利害固不计,天下是非亦不辨,国人之好恶向背,亦复悍然无动于其中,而天理之往复乘除,彼亦盲焉若不知。古今诗文之士,不乏眼小如豆者,而戴王乃凭此立节,长为同时及后人之所想慕,斯尤可怪也。

牧斋《列朝诗集小传》,分元季作者入甲前集,凡一百一十六人,又附见者三十三人。国初作者入甲集,凡二百二十九人,附见八人。两集合计之,共得三百八十六人。虽有重出,为数殊少。士群之盛,文风之畅,实历代革命之际所未见。即检清《四库全书总目》,明初诗文集作者,自宋景濂迄僧宗泐,得五十五人,六百二十四卷,张宇以下年辈稍晚者不计,此文仅就四部丛刊所收,略论宋刘高苏贝戴六集及胡仲子一集而已。此诸人皆当时士群之翘楚,亦一代诗文之冠冕,举此为例,可见风气之大归。今就《提要》一人姑举其集为余所想见而未见者,厥为陈谟之《海桑集》。此人不见于牧斋《诗集小传》,殆是绛云楼未有此书也。

《提要·海桑集》十卷,陈谟撰。《提要》之文曰:

> 谟字一德,泰和人。生于元成宗时。洪武中召赴阙,以疾辞归。后屡聘为江浙考试官,事迹具《明史·儒林传》。是集有谟家传,称卒年九十六。考集中年月,止于洪武十七年。晏璧于永乐七年作《海桑集》序,称谟卒后二十年,则卒于洪武二十一年戊辰也。谟《书刘氏西斋唱和卷后》,称"生大德间,为前朝太平幸民六十余年",由洪武戊辰上推大德元年丁酉,仅九十二年。或晏璧所称乃约成数。其诗集、文集各五卷,为其甥杨士奇所编。集中《通塞论》一篇,引微子、箕子,反复申明,谓革代之时,不必死节,最为害理。故其客韶州时,为太祖吴元年,元尚未亡,已为卫官作贺表。而集中颂明功德,不一而足。无一语故君旧国之思。其不仕也,虽称以老病辞,然孙仲亨跋其墨迹,称太祖龙兴,弓旌首至,先生虽老,犹舆曳就道。一时老师俗儒,曲学附会先生之论,动辄矛盾,是以所如不合,遂命驾还山,拂衣去国云云,则与柴桑东篱之志,固有殊矣。至于文体简洁,诗格春容,则东里渊源实出于是,其在明初,固沨沨乎雅音也。

《提要》之言如此,惜未能见其集而详论之。据其谓为前代太平幸民六十余年,又其集称"海桑",则似亦仅知感时变,未能辨夷夏也。然谓易代之际不必死节,又颂明功德不一而足,此其有异于痼疾迷心之人远矣。惟戴良王逢之徒,既受一时之尊誉,则亦无怪于陈谟之所如而不合矣。抑余读宋景濂苏平仲贝清江诸集,其所为传状碑志,有为元守节而死者,有坚隐不出者,有不得已应聘而亟于拂衣求去者,此等文字,虽出洪武以后,诸人虽亲仕洪武之朝,而字里行间,若时时有故君旧国之思流露于不自掩,在此种时代风气中,更无怪陈谟之所如不合。其愿献身新朝,与民更始之士,在清之四库馆臣则尽目以为俗儒曲学,则惟如危素赵汸乃得为雅儒正学欤?亦惟如戴良王逢,乃得为雅儒正学欤?是可见一时之心声风习矣。

余又读方希古《祭宋景濂先生文》,谓:

> 公之量可以包天下,而天下不能容公之一身。公之识可以鉴一世,而举世不能知公之为人。世乌足以知之,徒传诵其雄文。执其词者惑其意,得其似者失其真。彼好慕者且若此,又何怪乎臧仓与叔孙。

此文辞旨隐约,唏慨言外,殆潜溪生时,亦复有所如不合之感耶?抑其迹虽不然,而群士之内心实有此内藏之隐耶?余又按《罪惟录》,陈谟入《逸运外臣列传》,与秦从龙陈遇杨维桢赵汸徐舫高明诸人并列,《明史》则入《儒林传》,谓其隐居不求仕,而究心经世之务。然则《海桑》一集,虽违时好,独颂新朝之功德,而岂阿誉希宠竞进无耻者之所为乎?四库馆臣谓其与柴桑东篱之志有殊,诚浅之乎其窥作者之心志矣。且元明易代,岂晋宋之比,又乌得以渊明之出处相绳?惜乎《海桑》一集,未获目睹,他日若见此书,傥有杰出之见,能一洗此一时代群士拘墟不忘胡元之恶习,亦足为国史生光,为兴明吐气,此余所以深致其想见之意也。

又按朱竹垞《静居志诗话》云：征君大德遗民，虽应弓招，未縻好爵。其没也，苏平仲挽以诗云：道德宗前代，诗书启后人。胡光大诗云：文章汉彝鼎，声价鲁璠玙。杨东里诗云：纯明程伯子，洒落邵尧夫。梁不移诗云：立志希濂洛，研精续考亭。诸公之推许若是，是亦可见其为人矣。

余为斯又逾十余年，乃获读《四库全书》之《海桑集》，陈义平平，无足称述，较之上举诸人，所距远矣。是则明初开国诸臣，人物皎然，能以文采自显者，乃无不系心胡元，情存彼此，是诚世运国命所大堪惊诧与慨叹之一事也。

（八）读《方正学集》

余于明初开国诸儒，必推胡仲子为巨擘焉。然仲子未获向用，未能稍有所展布。求能与仲子相肩随者，得一人焉，曰：方正学孝孺。史称孝孺先辈胡翰苏伯衡，亦自谓弗及，惟其年辈稍晚，非兹篇所当详论。姑举《皇明文衡》所录两篇，稍阐其意，以殿吾文。

正学有《释统》三篇。其上篇云：

> 仁义而王，道德而治者，三代也。智力而取，法术而守者，汉唐宋也。强致而暴失之者，秦隋也。篡弑以得之，无术以守之，而子孙受其祸者，晋也。其取之也同，而身为天下戮者，王莽也。苟以全有天下号令行乎海内者为正统邪，

则此皆其人矣。正统之说,何为而立邪?苟欲假此以寓褒贬,正大分,申君臣之义,明仁暴之别,内夏外夷,扶天理而诛人伪,则不宜无辨。故谓周秦汉晋隋唐宋均为正统,犹谓孔子墨翟庄周李耼孟轲扬雄俱为圣人而传道统也。尝试论之,天下有正统一,变统三。三代,正统也。如汉如唐如宋,虽不敢几乎三代,然其主皆有恤民之心,附之以正统,亦孔子与齐桓仁管仲之意欤?奚为变统,取之不以正,如晋宋齐梁之君,使全有天下,亦不可为正矣。守之不以仁义。戕虐乎生民,如秦与隋,使传数百年,亦不可为正矣。夷狄而僭中国,女后而据夫位,治如符坚,才如武氏,亦不可继统矣。

其中篇云:

正统之说立,而后人君之位尊,变统之名立,而后正统之说明。朱子之意曰:周秦汉晋隋唐,皆全有天下矣,固不得不与之以正统。苟如是,则仁者徒仁而暴者徒暴。以正为正,又以非正为正,而可乎?所贵乎为君者,以其建道德之中,立仁义之极,操政教之原,斯可以为正统。正统之君,非吾贵之。变统之君,非吾贱之也。贤者得民心,民斯尊之矣。非其类,无其德,民必恶之,故不得不贱之也。如是而后奸邪息,夷狄惧。

其下篇云:

所谓变统之制者何也,异于天子之礼也。冒为而异其礼,盖其所可致者势也,不可僭乎后世者义也。势行于一时,义定于后世。义之所在,臣不敢私爱于君,子不敢私尊于父,大中至正之道,质诸天地,参诸鬼神而不惑也。得中国之地,其民有思中国而叛之者曰起兵。以地降者曰来归。不为中国而反者,彼亦不得而盗贼之也,亦曰起兵。得郡则曰取某郡。正统之臣降于夷狄则夷狄之,死不曰卒而曰死。凡力能为正统之患者,灭亡,则异文书之,以致喜之之意。正统乱亡,则详书而屡见之,以致惜之之意。变统始一天下而正统绝,则书甲子,而分注其下曰:是为某帝某元年。其主用兵不曰讨,不曰征伐,刑其人不曰诛。天下怨而起兵,恶而起兵,不曰反。恶乎篡弑,非恶乎君也。恶乎女主,非其君,故不得以君道临之也。士之在变统者,能安中国则书,能止暴众除民害则书,能明道术于后世则书,有愈贵而愈贱者,有愈贱而愈贵者。故君子之于变统,外之而不亲也,微之而不尊也,断断乎其严也,闵闵乎恐其久也,望望乎欲正统之复也。是何也,为天下虑也。立变统,所以扶人极,能言抑变统者,君子之所取也。

历史正统之辨,今之学者多疑焉,然实有不得已而不可不辨者,而尤于夷夏之大防为然。《贝清江集》有《铁崖先生大全集序》,谓:

> 至正初。天子诏修辽金宋三史,先生乃著《正统论》,

凡二千六百余言，其言以为我朝当续宋统于世祖混一之日，不当急于继辽继金，正大剀切，观者韪之。

又有《铁崖先生传》，备录其《正统论》全文著于篇，大意谓：

> 今之君子，昧于《春秋》大一统之旨，而急于我元开国之年，遂欲接辽以为统。不以天数之正，华统之大属之我元，承乎有宋，如宋之承唐，唐之承隋承晋承汉，而妄分闰代之承，欲以荒夷非统之统属之我元。吾不知今之君子，待今日为何时，待今圣人为何君也。抑又论之，道统者，治统之所在也。孟子没，千有余年而濂洛周子传焉。朱子没，而其传及我朝许文正公。此历代道统之源委也。道统不在辽金而在宋，在宋而后及于我朝，君子可以观治统之所在矣。

廷臣谓论辩出，见者韪之，谓其正大光明，虽百世之下无以易。廷臣此传，作于洪武之三年，是亦可谓明初群士对正统观之共同意见也。当元之时，有主张以元接辽金为正统者，铁崖折之以《春秋》大一统之义，而不知孔子《春秋》虽曰大一统，犹尚有夷夏之辨焉。铁崖又以元儒上承朱子之道统，谓道统所在即治统所在，此固似矣，然朱子上书孝宗，极申攘夷之大论，而惜乎元儒之终失此义。纵谓此可以为元儒恕，然岂终不为中国之道统惜乎？观乎铁崖之《正统论》，而益见胡仲子之邈乎为不可及。能承仲子而重申正统大义于天下者，则正学也。

正学之言正统，犹仲子之言天纪。正学之言变统，则犹仲子之言地纪也。惟此两儒，一在元末，一在明初，而同主元之不得为正统。在当时则皆为正人心伸大义之正论。否则元居正统，凡为元而死者皆忠臣，凡拒明而不仕者皆义士。凡起义于民间如方国珍张士诚辈皆群盗叛逆。而明之有天下，则惟有归之于天命，而凡属一时佐命协运之士，则惟有识天命三字可以为之解脱其不忠不义以及从叛附逆之大罪。如是言之，则天命与人道两相离。抑且天命惟在一人，则彼一人者身膺天命，自可生杀予夺惟其意，而为之下者，将见为牛马鸡豚之不若。方明之开国，群士大夫则无不心尊元室为正统，抑且无不有故君旧国之思焉，乃莫不谓明祖之登帝位，乃一出于天命，于是一切创制立法，兴礼乐，明教化，选贤择相，与民更始之大政宏纲，乃举无本原可言。当汉高之兴，人尽曰暴秦当亡。而明之崛起，为之下者不欲言暴元，又不忍言胡元。生于其心，害于其政，名不正则言不顺，当明祖之废相而杀群士，群士惟有俯首听命，虽欲隐退自全，而终无逃于天地之间。天命所在，又宁有人道之可言，此岂非元明之际成此悲剧之一主因乎？不幸而仲子既不获显用，正学又晚起，靖难之变，以身殉之，而文禁又严，其门人藏其遗文，至宣德以后而始稍传于世，遂使明代之治不能稍复于古，不惟不逮汉唐，抑且视宋而有愧焉，则岂不由其无儒乎？岂不以夫道统之失而不振乎？此所以余读明初诸臣之诗文而独于仲子正学两集深致其拳拳之向往也。

正学又有《与赵伯钦书》，大意谓：

近代道术不明，士居位则以法律为治，为学则以文辞为

业,圣贤宏经要典,摈弃而不讲,百余年间,风俗污坏,上惰
下乖,以至于颠危而不救者,岂无自也哉?私诚恨之,欲有
所发明损益以表著于世,而习俗卑下,学者梏于旧闻,不复
知有学术。窃窃诩诩,苟且自恕。或有志而才不足有为,或
才高而沉溺不返。足下书之所陈,谓近世之文辞不能比隆
于唐宋而有取于仆,仆无能之辞,足下安取乎。且近世所以
不古若者,以文辞为业而不知道术,虽欲庶乎古,不能也。
圣贤之文辞,非有大过于今人,其所以不可及者,造道深而
自得者远,虽恒言卑论,亦可为后世法。唐之诸儒,惟韩子
为近道,其他俱不若宋。宋之士,以言乎文,固未必尽过乎
唐,然其文之所载,三代以下未之有,而汉何足以方之。今
人多谓宋不及唐,唐不及汉,此自其文而言耳,非所谓考道
德之会通而揆其实也。仆尝谓求学术于三代之后,宋为上,
汉次之,唐为下,近代有愧焉。斯道之盛衰,其端微矣。非
明识睿达者何足以知之。

当有元之一代,可谓有文辞,无道术。流风所被,迄于明之开国,
此虽正学所亲受业之师景濂犹不免,又遑论乎其他。若欲会通
文辞道术,则宋为首,汉次之,而唐为下,正学此书,诚千古之只
眼也。当其时而求能振起一世之文辞道术者,舍正学其谁属。
而惜乎靖难之变,卒以身殉,年仅四十有六,未到五十也。而其
学亦及身而绝。其后明之为文者,渐知鄙薄元儒,乃欲上祧宋而
远师汉唐,于是有诗必李杜文必盛唐之说。盖其时,明之正位既
久,群士心理已大异于明初之时,群知鄙薄胡元,不复欲齿及之,

而宋为元亡，乃连类而不受重视，以为欲张大一时之文运，则必以汉唐为矩矱，而不知其误也。下及唐顺之归有光，始起而矫其敝，然其去正学心中之所谓文辞，求能考道德之会通而揆其实者，则仍如河汉之相远。言明代之学术，则必溯源于曹月川与吴康斋。然此两人，似皆偏于遁退，亦仅为知有人纪而不知有天纪。乃亦于人纪为狭小而不全，拘碍而不扩。此后有明一代之儒学，乃终不免于此一途。白沙无论矣，即阳明以事功显，而其论学则仍有狭小拘碍之迹，未能大通于人纪之全以上达于天纪。此观于王门后学之意态抱负经纶计虑而可知矣。求如正学，如梨洲《学案·师说》所云：以生民为虑，王道为心，欲伊周孔孟合为一人者，则终明之世未见其有继。待夫明之既亡，在野诸大儒如亭林梨洲船山，学术途径庶乎近之。然则天虽生正学于明，而有明一代卒未得正学之用！天之生大儒既不易，而世之获大儒之用也则尤难，此我所以读明初诸家之集而于仲子正学两家尤不胜其低徊悱恻之情也。

余又读《皇明文衡》有王绅仲缙《拟大明铙歌鼓吹曲十二首》并序，其序曰：

> 伏睹太祖皇帝，手提三尺，取胡元，平僭乱，以肇造区夏，所以雪近代之耻，其功诚不在汤武下。

其《定关陕》一首云：

> 元德昏，政棼棼。氓戚憔，吁于旻，情上格，命明君。

其《荡胡穴》一首云：

> 元氏有天下，腥膻我中原，垂发裂冠冕，士效咿忧言，圣
人受天命，远续皇王传。

其声镗鞳，诚不愧为皇明一代开国之雅颂。绅、袆子，袆使云南，
抗节死，绅仅十三岁，从学于景濂，其为此乐章，则已在洪武以
后，明初诸臣，决不能有此吐属也。

《罪惟录·播匿诸臣传》载元幼主死，翰林撰祭文不称旨，
悬购能文者。钱苏拟撰云：朕之得，复我中国之故有。汝之失，
弃其沙漠之本无。明祖得之大喜。此语真切平实，应为当时人
人心中所能想，口头所能说，而一时翰林诸臣顾不然，群手所撰，
均不能称明祖之意，而至于悬购能文者。及明祖见苏语而大喜，
斯其内心之不慊于当时诸臣者可知矣。然亦无可奈何，时风众
势，虽贵为天子，其亦何能为力。惟景濂巍然为明初文臣之首，
然亦不免限于群士心习之所同以为然者，而不能大肆其心之所
能至以招来一世之大谤，幸而有如方正学王仲缙者出其门，斯亦
可以告无罪于后世矣。则景濂其诚不愧为一代文臣之首哉！余
故特以仲缙乐章附之正学一集之后，而以殿吾篇。此亦犹之曲
终之奏雅，以见夫天命之终于不绝，人心之终于不死，而大道之
终于久晦而复明焉。世有知道君子，其将有同感于吾文。

此稿刊载于一九六四年八月香港
《新亚学报》六卷二期

读明初开国诸臣诗文集续篇

（一）读杨维桢《东维子集》

余旧草《读明初开国诸臣诗文集》，未及杨维桢之《东维子集》。然念《明史·文苑传》，杨维桢褒然居首。是亦当为补列。《传》略曰：

> 维桢字廉夫，山阴人。父宏，筑楼铁崖山中，绕楼植梅百株，聚书数万卷，去其梯，俾维桢诵读楼上者五年，因自号铁崖。元泰定四年成进士。会修辽金宋三史成。（诏修三史，始至正三年。）维桢著《正统辨》千余言，总裁官欧阳元功读且叹曰：百年后公论定于此矣。擢江西儒学提举。会兵乱，避地富春山，徙钱塘。张士诚累书招之，不赴。撰《五论》，具书复士诚，告以顺逆成败之说，士诚不能用。徙居松江之上。洪武二年，召诸儒纂礼乐书，遣翰林詹同奉币诣门。维桢谢曰：岂有老妇将就木而再理嫁者邪。明年，复遣有司敦

促,赋《老客妇谣》一章进御。曰:皇帝竭吾之能,不强吾所不能则可。否则有蹈海死耳。帝许之,赐安车,诣阙廷。留百有一十日,所纂叙例略定,即乞骸骨,仍给安车还山。宋濂赠诗曰:不受君王五色诏,白衣宣至白衣还。抵家卒,年七十五。

《新元史·文苑传》亦收杨维桢。谓:

> 晚年,筑蓬台于松江,东南才俊士投贽求文者无虚日。当疾亟,撰《归全堂记》,顷刻立就,掷笔而逝。著有《四书一贯录》,《五经钥键》,《春秋透天关》,《礼经约》,《历代史钺》二百卷,《东维子集》三十卷,《琼台曲》,《洞庭雪》,《闲杂吟》二十卷。

全祖望《宋元学案》列杨维桢于《艮斋学案》中,谓:

> 先生初游甬东,得黄氏《日钞》归,学业日进。所著诸集通数百卷。

王梓材、冯云濠《宋元学案补遗》王案有曰:

> 见清江作传,言所著有《春秋大意》,《左氏君子议》。又先生序《春秋左氏传类编》有云:予于《春秋》家,有定是之录凡十有二卷。是先生之于《春秋》,不独《透天关》一

书也。

冯案：据《文集·虞隐君墓志铭》，曰"先生道园门人"。

维桢所为《正统辨》，不见于文集，而见于陶宗仪之《辍耕录》。及清廷修四库，奉乾隆谕旨补入。《宋元学案》加以删节。兹撮录其要旨如次：

> 正统之说，何自而起乎？起于夏后传国，汤武革世，皆出于天命人心之公也。故正统之义，立于圣人之经，以扶万世之纲常。圣人之经，《春秋》是也。首书王正于鲁史之元年者，大一统也。五伯之权非不强于王，而《春秋》必黜之，不使奸此统。吴越之号，非不窃于王，而《春秋》必外之，不使借此统。然则统之所在，不得以割据之地僭伪之名而论之也尚矣。先正论统于汉之后者，不以蜀汉之祚促，与其地之偏，而夺其统之正者，《春秋》之义也。复有作《元经》，自谓法《春秋》者，而又帝北魏，黜江左，其失与志三国者等尔。尊昭烈，续江左，两魏之名不正而言不顺者，大正于宋朱氏之《纲目》。故《纲目》之系统者在蜀晋，而抑统者，则秦昭襄唐武氏也。至不得已，以始皇之廿六年而始继周，汉始于高帝之五年，而不始于降秦。晋始于平吴，而不始于泰始。唐始于群盗既夷之后，而不始于武德之元，又所以法于《春秋》之大一统。然则今日之辽金宋三史者，宜莫严于元统与大一统之辨矣。

> 议者谓辽祖比宋前兴五十余年，而宋尝遣使结为兄弟。

晚年辽为翁而宋为孙矣,此其说之曲而陋者也。汉之匈奴,唐之突厥,不皆兴于汉唐之前乎,而汉唐又与之通和矣。吴魏之与蜀也,亦一时角立,不相统摄者也。而秉史笔者,必以匈奴突厥为纪传,而以汉唐为正统,必以吴魏为分系,而以蜀为正纲,何也。天理人心之公,阅万世而不可泯者也。

当唐明宗之祝天,自以夷狄,不任社稷生灵之主,愿天早生圣人。自是天人交感,而宋太祖生矣。朱氏《纲目》于五代之年,皆细注于岁之下,其遗意固有待于宋矣。有待于宋,则直以宋接唐统之正矣。又何计其受周禅与否乎?中遭阳九之厄,而天犹不泯其社稷,瓜瓞之系,在江之南,子孙享国,又凡百五十有五年。金泰和之议,以靖康为游魂余魄,比之昭烈在蜀,则泰和之议,固知宋有遗统在江之左矣。而金欲承其未绝为得统,可乎?好党君子,遂斥绍兴为伪宋。吁!吾不忍道矣。

《春秋》大一统之义,请复以成周之大统明之。文王在诸侯位凡五十年。至三分天下有其二,遂诞受天命,以抚方夏,然犹九年而大统未集。必至武王十有三年。伐纣有天下,商命始革,而大统始集焉。盖革命之事,一日之命未绝,则一日之统未集。宋命一日而未革,则我元之大统,亦一日而未集也。成周不急于文王五十年,武王十三年,而集天下之大统,则我元又岂急于太祖开国五十年,及世祖十有七年而集天下之大统哉。

抑又论之。道统者,治统之所在也。尧以是传之舜,舜以是传之禹汤,禹汤以是传之文武周公孔子。孔子没,几不

得其传。百有余年而孟子传焉。孟子没，几不得其传，千有
余年而濂洛周程诸子传焉。及乎中立杨氏，而吾道南矣。
既而宋亦南渡矣。杨氏之传为豫章罗氏，延平李氏，及于新
安朱子没，而其传及我朝许文正公。此历代道统之源委也。
然则道统不在辽金而在宋。在宋而后及于我朝，君子可以
观治统之所在矣。

今以此窥维桢之学，乃一本于孔孟与程朱。其论史，亦一本之孔
子《春秋》与朱子《纲目》。《纲目》以蜀为正统，魏吴不得干。故
南宋为正统，金不得干。推论其所以，乃出于天理人心之公。故
匈奴突厥，皆起于唐前，亦皆不得干唐之统。辽起宋前，亦不得
干宋之统。五代以夷狄主中国，并不得为统，则当以宋接唐统为
止。维桢之言如此，可谓大义朗然矣。

维桢又分道统与治统，谓道统乃治统所在。然其于元代，则
与汉唐两宋一例，得为吾国史之正统，所争仅在元太祖之五十
年，与世祖灭宋以前之十六年，不得遽奉为正统而已。又以许衡
仕元，为道统所在，则诚元儒之见也。孔子《春秋》尊王攘夷，维
桢仅取其尊王。攘夷之旨，虽于匈奴突厥五代辽金微见其意，而
于元则绝不辨夷夏。然同时如欧阳玄，亦且认为百年后公论所
定。可见在当时，尚不遽奉为公论，尚有主以辽接五代，金接辽，
元接金，为中国史之正统，而两宋不得预，此即观于维桢之辨而
可知矣。

今按陶宗仪《辍耕录》谓维桢言终不见用，又《宋元学案补
遗》引《吉水县志》，有周闻孙字以立，亦预修宋辽金三史，当事

皆辽金故臣子孙，不肯以正统予宋，闻孙具疏争，不报，遂弃职归。是其时学人，尚有南北之分。维桢闻孙皆南人，故心不忘宋。此亦治史者所不可不知也。

然维桢既视元为正统，又视为元亦得道统之传，而维桢又亲仕于元，故遂拒明祖之聘，以不强吾所不能为条件，始允一出。宋濂之诗曰：不受君王五色诏，白衣宣至白衣还。其临卒为《归全堂记》，今其文不收于文集，盖仕于元，亦全其身归于元，较之危素之不能全节，自谓胜之。而明廷开国诸臣，亦内尊其人，自愧不如，故宋濂之诗云云也。

维桢幼年，其父为筑万卷楼铁崖山中，使读书其上。及其老，隐居三吴，屡迁其居。有曰草玄阁，曰藉景轩，曰挂颊楼，曰小蓬台。后止台上不复下，且榜于门，曰：客至不下楼，恕老懒。见客不答礼，恕老病。问事不对，恕老默。发言无所避，恕老迂。饮酒不辍乐，恕老狂。当元之末，天下虽乱，而诸儒尚得晏安自娱于山林间，以著述歌咏度日，又得群从影附响集，自谓学统道统所在，则宜乎其忘夷夏之大防，置生民疾苦于不问，而如吴王明祖之召，则避之若浼，惟恐其沾染及之矣。

又按朱彝尊《曝书亭集》有《杨维桢传》，谓其徙松江，与钱唐钱维善里人陆居仁相唱和。维善仕元，官副提举，张士诚据吴，遂不仕。居仁泰定三年乡试，隐居教授。两人既殁，知府事林公庆昇其棺与维桢同葬，人目为三高士墓。亦可征一般人在洪武初仍高尚为元不出之风气矣。

又按清乾隆诏补《正统辨》入《东维子集》有曰：

维桢身为元臣，入明虽不仕，而应明太祖之召，且上《饶歌鼓吹曲》美颂新朝，非刺故国，几于《剧秦美新》，其进退无据，较之钱谦益托言不忘故君者，鄙倍尤甚。而正统之辨，则不可以人废言。

是乾隆正为维桢尊元为正统，可为满洲入关作护辞，故特旨追补。其实亦犹雍正《大义觉迷录》之用心而已。《东维子集》先刊于明初，故此辨亦不敢不删去也。而乾隆诏旨，尚以维桢应明太祖召预修元史而斥其进退无据，谓较之钱谦益尚更鄙倍，则不知明遗民应清廷之召预修明史诸人，当时清廷视之，其固为可嘉抑可鄙乎？处鼎革之际，而值夷夏之分，非我族类，其心必异，士之生于当时，诚难乎其为士矣。余今乃以不明孔子《春秋》攘夷之旨讥维桢，关心民族文化之传与夫国史正统之所寄者，其于此，可不惕然思，而憬然悟乎。后乎维桢，有明指元代不得为中国史之正统者，已著于此文之正学篇，兹不赘。

又按维桢门人宋元禧，有《庸庵集》十四卷，与维桢《东维子集》同收清代所编《四库全书》中。同入元代别集类。《提要》有曰：

禧初名元禧，后改名禧，字元逸。洪武中召修元史，书成，不受职，乞还山。后与桂彦良同征，主考福建，故明史列之文苑中，附见《赵埙传》末。然集中《题桐江钓隐图》有云，黄冠漫忆贺知章，老病怜予简书趣。又《寄宋景濂》云：当时十八士，去留各有缘。而戴良赠以诗，亦有麦秀歌残已白头,逢人犹自说东周之句,则亦沈梦麟赵汸之流,非危素诸人比也。

今按:元禧以维桢弟子,同受明祖之召,又同不受官而退。然其《寄宋景濂》诗有云:

> 我亦滔行迈,南闽涉山川。考艺非所任,冒往谁舍旃。知己谅兴闵,疲驽讵胜鞭。鬓发日已短,贫病无由痊。策杖山野间,静旷庶相便。击壤或歌咏,亦忧临涧泉。

是元禧虽不乐主考福建之征,然固已赴之,故有行迈涉山川之云。殆自福建返,又获策杖山野,忘忧涧泉也。抑且《明史·禧传》,固已明著其征为福建主考,并不有拒不受征之语。四库馆臣,岂于此皆所不知,而必欲曲说其非危素诸人之比。此乃曲体清廷帝皇之意,必强诬其一心忠元,不屈于明廷,其意亦谅可悲矣。而冯云濠《宋元学案补遗》,乃引据《提要》语,以志操皭然称元禧,亦见读书稽古之事之不易为矣。

然元禧之存心,则仍与维桢无殊,盖其本衷,固亦无意于出仕。故原字无逸,后改元逸,乃有意为元代之逸民也。《庸庵集》卷十一《送倪叔怿序》有曰:

> 考亭师友,固尝仕进矣。当其时,不以仕进为乐,而以授徒为安。以今观之,则授徒之安,正未可以仕进易之,况未始仕进者乎?

当元之世，诸儒不以仕进为乐，而以授徒为安。其风既成，而南士尤甚，维桢之与元禧皆是也。

文集又有《题倪元镇平远图》，有小序，曰：

> 此画吴郡倪翁元镇所作。予闻张氏入吴时，闻翁名，欲官之。翁作渔人，乘扁舟，遁太湖崔苻中。犹焚香自适。张氏竟以此得翁，然终不能夺其志。

其诗曰：

> 菰蒲深处恨焚香，笠泽扁舟不可藏。谁倚疏林看山水，太平无事得清狂。

以渔人遁水泽，而犹不忘焚香，此亦见当时之士习。倚林看山，无事清狂，则当时士气所凑。而当时群士心中，犹不忘一道统。忠于一朝，当时群士亦认为即道统所在。倪云林以画家名，然此意亦留着胸中，故拒张氏之邀，复却明祖之聘。吴宽《匏庵家藏集·题倪云林画竹石图》，谓作于乱定后，乃国朝洪武之岁，而云林为书甲子，其意欲效陶靖节耶。近人容庚，为《倪瓒画之著录及其伪作》一书，自洪武元年戊申，至七年甲寅，共得画四十五幅，皆只书甲子，不著年号。惟树石小景一幅，款云：洪武壬子。李日华谓其不类平日所作，断其为伪。余尝遍读其四十五幅之题诗及记，亦绝不见有沧桑兴亡之变，而夷夏之辨，更所不论。云林固高士，然既太平无事，得其清狂，何为又效陶靖节之不忘故晋乎？云林亦与铁崖为好友，一时群士心情，实有为后代人所难于想象者，特以附著于斯篇。

(二)读赵汸《东山存稿》

曩余在九龙沙田和风台寓庐，曾草为《读明初开国诸臣集》一篇，备述明祖开国，虽曰复汉唐之旧统，光华夏之文物，后人重其为民族革命。然在当时文学从龙诸臣，意想似殊不然。或则心存鞑庭，或则意蔑新朝。虽经明祖多方敦迫，大率怯于进而勇于退。实乏同仇敌忾之忱，更无踊跃奋迅之致，一若不得已而有洮者。其一时文臣儒士之风，观于其文集之遗留者而可知。然当时独未见赵汸之《东山存稿》，迄今始从四库中阅读，前后已隔十年矣。续草斯篇，辞气详略，容不能与前文相吻合，然大意固无异，可相证成，以见此一时士风之梗概也。

兹先录其诗，《病士》云：

> 病鹰不忘击，病骥不忘骧。病鹤俛不啄，仰睇霄汉长。
> 惟有病士心，死灰不复飏。己疾且忘疗，焉知民未康。多谢
> 游谈者，勉旃思自强。

又《浮邱祠》有云：

> 浮邱说诗秦汉间，庞眉鹤发映朱颜。适逢偶语几弃市，
> 又见慢儒来溺冠。飘然长往不知处，遗迹宛在轩辕山。年

谷常丰物无厉,石泉一琖荐甘寒。

其《读阮嗣宗诗》有云:

种瓜寂寞青门外,采薇怅望西山址。

其《古津渡夜谈赠金元忠》有云:

坑外竟逃真学士,浮邱雅颂济南书。

其《观舆图有感》云:

皓首陈王道,时君孰可匡。艰难思稷契,容易托齐梁。
越岂资冠冕,秦方用虎狼。空闻归大老,不复见鹰扬。

其偃蹇无用世意,可谓情见乎辞矣。

《存稿》附录詹炬星源为《行状》,有曰:

壬辰兵兴,壬寅春归东山。时大明龙兴,创业金陵,吾
邑已附属六年矣。有司奉命征辟,继以议礼召,皆以疾得
辞。己酉,起山林遗士共修元史,先生在召中。暨竣事,得
请还,未几疾复作,捐世,得年仅五十有一。

是了常东山著述,尚在盛年。屡征不起,虽以疾辞,读其诗,以浮

邱伏生自况,而坑外之逃,似并不指元廷言。《明史·儒林传》子常褒然在焉,然迹其存心似不在明。此则读其《东山全稿》而可确证也。

《存稿》卷三《送操公琬先生归番阳序》有云:

圣天子既平海内,尽辇胜国图史典籍归于京师,乃诏修元史。起山林遗逸之士,使执笔焉。凡文儒之在官者,无与于是。在廷之臣,各举所知以应诏。汸以衰病,屡谢征命,亦误在选中。不得终辞,舟过严陵,适前太史金华宋公景濂亦至,曰:有诏召王子克于临漳矣。予曰:汸衰病日增,非可出者,纵出,亦无补于事。所幸者,平生故人,重得一见于契阔之余,事固非有偶然者。盖予与宋公,不相见者数载,而子克则十有余年矣。既至京师,闻番阳操公琬先生,在书馆卧病,旦夕以闻,即可归。自念自弱冠则知先生,而未获一识,今乃得相见于此,岂非向所谓非偶然者乎。俄而以得旨为别,予辱知有所,遂进言于先生曰:先生归矣。士之在山林与在朝廷异,其于述作也亦然。纂释群经,折衷百氏,其说未必尽合于圣人,非素业与之相出入者不敢议。崇古学,贵文章,凌厉汉唐,上拟三代,使穷乡晚进谫闻浅见之士,目动神耸,不敢出声以诵,自揆终身不能为。又陶冶性情,吟咏风月,或以单辞,或以偶句,为人所称,皆足以名世。虽或无取于作者,于人非鬼责亦何有焉,此皆山林之士所得为也。若夫朝廷之士则不然。太史公网罗旧闻,上接《春秋》,下迄麟趾,其序高帝创业,文景守成,至今使人如亲见

之。书封禅平准，传货殖，皆谏书也，而后世以为谤。韩退
之未遇时，欲作唐一经以垂无穷。既入史馆，不敢有为。柳
子厚苦辞迫之，曾不少动。仅以职事成《顺宗实录》数卷，
卒困于谗口，窜走无完篇。司马文正公受知神宗，作《资治
通鉴》，垂十九年始就，而小人出鄙句以訾之。此皆巨人硕
德，名实孚于上下，以著书为大业者也，犹或所遭若是。今
吾人挟其山林之学，以登于朝廷之上，则其茫然自失，凛然
不敢自放者，岂无所惧而然哉。尚赖天子明圣，有旨即旧志
为书，凡笔削悉取睿断，不以其所不能为诸生罪，蒙德至渥
也。于是先生得以病辞归，而支离昏昧如沆者，亦得以预闻
纂修自诡，岂非其幸欤。然则沆于先生之行，独不能无所感
者，良有以也。先生曰：子姑迟之，吾待子于番歙之间不
远矣。

此篇备述当时心事。盖元儒以隐沦不出为常，出仕转属其变。
子常游九江黄楚望之门，又客馆于临川虞道园家，于《春秋》与
《易》皆有撰述，亦以经术自娱。明祖起草泽，知慕士，而未必知
礼士。驱来者如束湿，如驱羊。一时朝士，居则惴惴，去则忻忻。
所谓民族大义，光复汉唐旧统，诚千载难遭一机会，而明初诸儒
似无此想。子常此序，身在朝廷，意在山林，于此则恹恹，于彼则
汲汲，显然可以代表一时士人之心声，固非子常一人如此也。

《存稿》卷五《题吴君仪教授植芸轩卷后》有云：

> 盖尝闻之，四海既一，风声气习。非复南州之旧。胜国

遗老，每戒其子孙，以儒术苟不见用于时，则当退业农圃，或隐于医卜。不然，宁小作商贩自资，慎毋倚权势，习刀笔，以坏心术，偾家声，而贻后祸。

此一节文字，殆自元骑入主以来，南宋遗民，相戒相守，以延往日文化学术风俗生活之传统于不绝之一线之精神命脉所在。以今日语释之，可谓是一种不合作精神。朝廷山林双方距隔，而书院讲学之风，较之南宋，其盛乃犹有过而无不及。然此乃值元治之初年，迄于子常之时，其先胜国遗老所以戒子孙者亦渐变。一方则书院讲学山林自守之风尚盛，另一面则出仕用世之心亦渐萌。元初民间一种不合作精神，殆已渐灭垂尽矣。《存稿》卷二《滋溪文藁序》有云：

> 初，国家既收中原，许文正公首得宋大儒朱子之书而尊信之。及事世祖皇帝，遂以其说教胄子，而后王降德之道复明。容城刘公，又得以上求周邵程张所尝论著，始超然有见于义理之当然，发于人心而不容已者。故其辨异端，辟邪说，皆真有所据，而非掇拾于前闻。出处进退之间，高风振于天下，而未尝决意于长往，则得之朱子者深矣。当是时，海内儒者，各以所学教授乡里，而临川吴公，雍郡虞公，大名齐公，相继入教成均。然后六经圣贤下学上达之旨，缕析毫分之义，礼仪乐节名物之数，修辞游艺之方，本末精粗，粲然大备。盖一代文献莫盛于斯。而俊选并兴，殆无以异于先王之世矣。

是子常之意，殆若谓元治已无异于先王，而俊选并兴，往昔胜国遗老之戒儒术不用于世之虞，其事若已过去，不复在念虑间矣。又同卷《治世龟鉴序》，谓苏氏编为此书，盖学本先王而志存当世。见其时儒士出而用世之心已跃然。至其言刘静修出处进退之间，高风振于天下，而未尝决意于长往，语尤婉转，足以觇世变。盖静修之高风振天下，乃由前期元儒之仰敬，而谓其未尝决意于长往，则乃后期元儒所为之解释。元代儒士心情意气之前后相异，大可于此窥之。而如吴草庐辈之出仕，其影响于此一转变者，亦可推知，不烦深论。

《存稿》卷二《送江浙参政苏公赴大都路总管序》有曰：

> 今天下承平，朝廷闲暇，圣天子将登用真儒，上稽唐虞，近鉴今古，建久安长治之策，极维持巩固之方，以垂无穷。

是子常虽蛰居山林，耽玩经籍以自娱，然亦常以天下为己忧，时欲贤者之出，以助成当代理想可能之圣治，此固随时流露于文字间，有不自知而然者。

《存稿》卷二《送郑征君应诏入翰林诗序》有曰：

> 至正十五年冬，诏以新安郑子美先生为翰林待制，先生坚辞不拜命，宪使周公亲劝驾，其门生子弟进言曰：今圣天子举群策以清海内，大丞相集众彦以图治功，不惜禁苑次对之职，起先生于山林，先生不出，如朝廷何。先生翻然曰：欲报朝廷者，吾素志也。乃命趣装。休阳赵汸赠言曰：今为天

下患有，盗贼而已。自淮蔡发患，延于江湖，所在蜂起。然视前代中世巨寇，不能什一，疑若不足平。群盗散据，非有汉七国唐藩镇之强。访避地间关，朝不谋夕，每恨民间利害不得上闻，是以于乡先生之行而窃致其畎亩之思焉。

此亦分言山林朝廷，而固主士之出山林而上报朝廷也。《存稿》卷三有《贺郑师山先生受诏命书》，亦以报朝廷为辞促其行。惟沿江兵起至正七年，方国珍起在八年，刘福通、徐寿辉等起在十一年，郭子兴起在十二年，张士诚起在十三年。当其时，天下固已大乱，下距徐达兵定中原，先后二十年。下至子常应明祖召，入史馆，又送操公琬，前后亦仅二十二年。往日所鄙视以为不足平之盗贼，今已俨然为吾之朝廷。往日所欲报之朝廷，今已为塞外之亡虏。天地之变，远出于当时儒生之想象，则宜其心怀之惶惑，而进退之无据矣。

余又案《明史》及《宋元学案》，谓师山绝意仕进而勤于教，学者门人受业者众，所居不能容，相与即其地构师山书院以处。至正十四年，除翰林待制，遣使者以御酒名币浮海征之，辞疾不起。则师山实未出。十七年，明兵入徽州，守将要致之，师山曰：吾岂事二姓者邪。因被拘囚。其妻使语之曰：君苟死，吾其相从地下矣。明日，具衣冠北面再拜，自缢而卒。师山元末大儒，以邃于《春秋》称，而实未知辨夷夏。汪克宽《环谷集·师山行状》，师山曾再应进士举不利，乃弃举子业。是师山固有意于仕元者。王梓材《学案补遗》引其《为书喻诸生》曰："食人之食，则死其事。未食其食，奚死。然揆诸吾心未获所安，先哲论殷三仁胥获本心，吾初欲慷慨杀身以敦风化，既不获遂死，今将从容就死以全节义耳。"此可谓拘君臣之小节，昧民族之大义，距孔子《春秋》之意实远。郎瑛《七修类稿》谓师山不受元爵，自当仕明。然岂既受元爵，即不当仕明乎。是亦同为未明夷夏之大防者。抑以拟之危素，则似为贤耳。当时士人，似可分三等。如师山之未仕元而死之为一等，危素之既仕元而复仕明为又一等，如赵东山之仕明，乃不得已一出，为又一等。要之，皆未尝有夷夏之防关其心也。其视明祖，亦曰败则为寇，成则为王，如是而已。此元明之际历史上一绝大节目，所当大书特书而揭出之者也。

今复据《宋元学案》摘录数事如次：

鲍深 字伯原。师山被召，伯原摄行师山书院山长。元兵复新安，伯原与其叔父仲安以义兵应之，时人称郑门二鲍。明师下徽州，复购师山，伯原先令遁去，使己子颖代入狱，榜掠百辈，度不可免，师山乃挺身出。伯原朝夕在狱，视其饮食。是伯原固亦忠于元廷，并起义兵助平盗贼。新安再陷，元军复至，伯原被执，其帅欲杀之。伯原从容言曰：山林遗民，捍御乡井，将军奈何不抚绥之，而反歼之乎？帅乃释之。其子颖，洪武中以荐起，历官翰林修撰，同知耀州，以非罪死，时伯原犹尚在。是伯原亦终不能承其师志，戒子弗出。岂其子亦山林朝廷，迟回瞻顾，未能一心奉公，而终遭疑忌乎。则无可深论矣。要之，当丧乱之际，士之出处，良难善择，而其不明夷夏之辨，则百口无以自解。

鲍元康 字仲安。师山当厄，谋于诸生，曰：家破可以再营，师死不可再得。倾家救之。是年，元兵来复新安，仲安与其从子伯原及师山弟璇,皆起义兵应之,出入山谷,积劳成疾,呓语谆谆,犹曰杀贼。竟卒。是仲安亦元之忠民。虽曰志卫乡里,要之不知朝廷之非吾族类也。

师山族人郑忠、郑潜,皆随事师山,而终仕于明。潜子桓,与唐仲实等同召对,亦仕明,坐方正学党死。师山有遗戒与忠,曰:我之死,所以为天下立节义,为万世立纲常,汝辈所宜自勉。为臣尽忠,为子尽孝,以不辱为亲为族足矣,何必区区悲慕耶。然则忠之仕明,节义纲常何在,岂终无逃于不忠不孝之罪耶?

郑璇 字希贡,师山弟。尝仕元,又与鲍仲安同起义兵。师山之卒,谓璇曰:汝当屈身以保家,希贡泣应之。终其身不仕。是师山之教其弟子与家人,亦曰当知有乡里、宗族,亦当知有朝廷,乃终不知有民族大义也。

唐仲实 名桂芳,学者称白云先生,与郑师山、危太朴讲学于歙之三峰精舍。元时荐除崇文学谕南雄学正,皆不就。明祖幸歙,延访耆硕,召见。首问治天下要道,以不嗜杀人对。明祖大喜,赐尊酒粟帛,抚慰而去。今按:仲实有《白云集》七卷,《四库提要》谓明祖命之仕,以瞀废辞,寻摄紫阳书院山长。其集中有龙凤纪年,仍韩林儿年号。称大丞相即明祖。郎瑛谓师山可以生而不生,观之白云,可证矣。又汪克宽与师山早岁相知,同治朱子学。师山死,克宽为作行状,而克宽固亦膺明祖聘修元史,列名明代之儒林。若师山亦如白云环谷,屈身一出,进明祖以善言,岂即为失身失节。而和风所扇,或于明初君臣间,稍有羹梅之助。惜乎师山之智不及此也。

桂彦良 名德称,以字行。慈溪人。元乡贡进士,尝为书院山长，及平江路学教授。罢归。张士诚、方国珍交辟，不就。洪武间，征诣公车。时选国子生为给事中，命彦良与宋濂、孔克衷为之师。彦良知无不言，明祖书其语揭便殿，谓诸大臣曰：此彦良与朕论至于此，汝等宜亲炙儒者。并亲谓彦良曰：江南儒者，惟卿一人。对曰：臣不如宋濂、刘基。帝曰：濂文人耳。基峻隘，不如卿。彦良上《万世太平治要十二策》。帝曰：彦良所陈，通邃事体，有裨治道。世谓儒者泥古不通，若彦良，可谓通儒矣。请告归。彦良仕于元，又臣于明，乃特为明祖所喜。明祖评宋濂、刘基，语亦有分寸。而独称彦良为儒，亦证明祖非不喜儒。时讥儒者泥古不通，苟其心向元室，亦非真能泥古。明初君臣心事之向背离合，诚有难言者，亦不当专责明祖一方也。

陈麟 字文昭，温州人，为元进士，仕于元。亦以助平盗贼为事。方国珍入鄞，要之相见。欲拒，叹曰：吾不忍危其民。单骑入谒，劝以勤王。国珍留之不遣，意欲胁臣之。文昭正色曰：吾不欲使民涂炭，故只身来，杀我非勇也。国珍愧谢，置之海上。文昭自称足疾，扶杖，着道士冠服，治田葺园，种牧自给。国珍时时遣人侦之，以为真废，乃不加害。重兴书院，与山中子弟讲学，凡拘海上十年，移入鄞，又三年而国珍亡。文昭南游闽中而卒。全谢山《句余土音》谓文昭终不屈死。元儒在当时，皆以书院讲学为大事，亦以自安其身，而于一时起事者，皆以盗贼视之，不肯一屈身。如文昭之于国珍，亦其例也。

赵偕 字子永，慈溪人。学者称宝峰先生。自谓吾故宋宗子，非不欲仕，但尒可仕，且今亦非行道之时也。然尝谓孔子以道设教,而未尝一日忘天下。故虽处山林,时有忧时之色。陈文昭为慈令,执经请业,行弟子礼。方国珍据浙东,逼之仕,不起。是宝峰之不仕元,特自以为宋后,非以元为胡虏故不仕。尝寄声危素于大都,曰:畴昔所言圣贤时务,可行否耶? 是宝峰亦不忘行中国圣贤时务于元廷。其不屈于方国珍,非为忠于元,亦鄙国珍为盗贼耳。

吴当 字伯尚,草庐孙,仕元。顺帝至元中,江南盗起,特授江西廉访使,屡有功,为参政朵歹所疾,构为飞语,解兵柄,并除名。陈友谅陷江西,伯尚戴黄冠,服道士服,杜门不出。日以著书为事。友谅遣人辟之,以死自誓,拘留江州一年,得归隐庐陵。草庐生为宋民,卒仕于元,则宜其孙之忠元矣。其不屈于友谅,更无足怪。

黎仲基 名载,临川人。尝谒草庐于郡学,湖广左丞章伯颜征为太平路儒学教授。蕲黄盗起,常以奇策助伯颜取胜,归筑室瓜园。洪武初,再荐不起。

王彰 字伯远,金溪人。少从草庐学,登进士,除国子监博士。元亡,归隐故山。

赵宏毅 字仁卿,晋县人。尝从吴草庐游。仕元为国史编修官。元亡,明兵入城,叹曰:我今但有一死报国耳。乃与妻解氏皆自缢。其子恭,为中书管勾,亦与妻诀,曰:吾父母已死,尚敢爱生乎? 遂公服向阙拜而缢死。

黄昭 字殷士,金溪人。仕元,为翰林待制兼国史院编修官。元京破,叹曰:我以儒致身,累蒙国恩,为胄子师,代言禁林,今纵无我戮,何面目见天下士? 遂赴井死。此皆从游草庐门,而忠于元者。如殷士所为，更当使危素愧见于地下。郑师山、赵宏毅、黄昮，元史皆入《忠义传》。

余前论"明初开国诸臣集"，如宋潜溪、刘诚意、高青丘、贝清江诸人，皆文人也。赵子常，则入儒林。上之所录，前之如吴草庐，后之如郑师山，皆峃然一代儒宗。盖自元骑入主，华夏大统中绝，诸儒僻处山林，讲学书院，朋徒麇集，经籍义理，犹存两宋之一脉，此不能谓无功。惟初则处畎亩以乐尧舜之道，继则欲其君为尧舜之君，而身进其道，以与天下共乐之，而忘其君之非我族类。孔子被发左衽之叹，不复存于诸儒之心。反之六经大义，两宋理学，固如是乎？元政既乱，吾华夏小民揭竿呼啸而起，乃诸儒率鄙之为盗贼，必欲痛惩严削之，而以保卫乡里自解弛其助暴抑民之罪，并不悟此盗贼之亦出自吾乡里也。自方国珍、张士诚、陈友谅之徒，盖莫不知敬礼儒生，欲引与共图大事，而诸儒率避之若浼。及元运已难挽，诸儒欲助元平乱卫乡里之初望，终亦如梦之醒，乃不得已而勉就明祖之辟召。然亦姑尔一出，非有忠愤自发之忱。既相率一出而即归，斯其久羁而被祸，固亦非可以专罪明祖之草菅诸儒，而诸儒之过于自尊其道，以理学大统自居，而不明古今之变，民族之大义，与夫时务之当先，亦不得辞其咎。然而明之崛兴，汉唐之衣冠重光，华夏之大统斯复，而有元一代群儒山林讲学之风，乃亦随元运而渐灭。方孝孺罹十族之祸，尤为明初蔑视儒臣之惨酷表现。逮及永乐间，诏修《五经四书大全》，群臣惟以抄袭元儒成书塞责。明代儒学复兴，尚远在后。当其时，政治学术，一兴于上，一衰于下，其事乃相互错差至斯。此亦治史者所当致以深慨，继以深思，而慎加之以审论者。至于意气之呵斥，与夫是非之申辨，固可无所用之也。

《存稿》卷五有《克复休宁县碑》，叙至正十二年盗犯休宁，翌年克定，为碑颂省宣使巴特玛实哩之功德，有曰：

> 天子大圣，群公至明，相臣凯还，大赉是经。朱芾彤弓，三锡弥光。为国虎臣，以守四方。

诵其文，若当轶汉唐而媲雅颂。然曾不几年，天子圣，群公明，固已延残息于大漠之外，而虎臣之守四方者，亦渺不复在。明初诸臣，既屡招而不至，又暂止而求去，其阇于时势，昧于大义，则宜其有一番不能自安不可告人之心情。《东山》一稿，不啻正为此心情写照也。

《存稿》卷六《邵庵先生虞公行状》，记一事曰：

> 尝被旨撰一佛寺记，其处有前代遗迹。适进对，上问曰：人言汝前代相臣子孙。今为是文，适美前事尔。公对曰：前代远矣。其臣庶子孙不忘本初者，已鲜有能思其祖父。而不忘其祖父所事者，必忠孝之士也，臣不足以及此。能为陛下言此者，必忠孝人矣。今臣等幸以疏庸，际遇圣时，致位通显，泽流后嗣。庶几子孙世世不忘朝廷厚恩。则诚犬马至愿。故臣以为非忠孝之人不能为是言。上目一侍臣叹异之。

道园元代鸿儒，亦子常所严事，姁姁道其事如此，口颊宛然，在当时读书人心中，更何敢存丝毫夷夏之见乎？

《存稿》卷二有《送高则诚归永嘉序》，谓：

> 高君登进士第，调官括苍郡录事。郡守前宪副徐公，即学官设绛帐，身率子弟迎君请业。行中书闻其名，辟丞相掾。俄台民弄兵城邑，有旨行省臣总诸郡兵平之，省臣择君自从。君亦庶几因得自效。浙东帅达公，以除凶为己任，一见君，欢然。既以论事不合，避不治文书。秩满，即日还省垣告归。设俎豆觞客，曰：余方解吏事归，得与乡人子弟讲论诗书礼义，以时游赤城雁荡诸山，颒涧泉而仰云木，犹不失吾故也。有起席末而言者，曰：今中原多故，圣天子贤宰相，一旦惩膏粱刀笔之弊，尽取才士用之，如吾高君，虽欲决遁山林，亦将不可得。然则入践廷宁，陪老成之谠议，出临郡邑，布恩德于罢氓。使殊功茂绩炳然一时，以答清朝设科盛意，岂非君乎？

是高则诚亦欲助元平乱，及其退归乡里，而子常之意，尚望其出建殊功，立茂绩，以为圣君贤相报。虽托之他人之口，其与怂恿郑师山之意，固无异也。是岂非昧于事机之甚者。高则诚以《琵琶记》著。何元朗《曲论》，谓高善王四，劝之仕，登第，即弃妻赘于不花太史家。琵琶者，取其头上四王，元人呼牛谓不花，故谓之牛太师。则诚亦膺明祖征而拒不赴召，是亦忠于元者也。姚福《青溪暇笔》谓明祖尝云，五经四书为五谷，不可缺。《琵琶记》如珍馐百味,富贵家岂可无,不知信否? 然明代尝禁元之剧曲,岂亦恶于如则诚辈之不屈而然乎? 惜无可深论矣。

《存稿》卷二《华川文集序》有曰:

> 金华王君子克以文学进用已久,圣天子既混一华夏,即诏修元史,乃起宋公景濂总其事,而以子克佐之。书将成,宋公入翰林为学士,子克为待制,此文运将开之候也。二公者,皆有志于复古,以周秦先汉之文辞,相与鸣国家之盛,使来者有所兴起,其不在兹乎?

此始为子常颂扬明廷文运将开,于东山集中为仅见,然时已晚,又汲汲抽身求去,盖意终不属也。子常从学于虞道园黄楚望,楚望入元已年十六,曾受元书院山长禄,既则闭门授徒以养亲,不复出。卒于至正六年。道园亦宋遗民,入元在幼岁,仕元贵达,卒于至正八年。此两人,一隐一显,子常之屏迹穷经,其风近于楚望,而心存朝廷,不忘用世,其意则近道园。子常又与郑师山地近通声气,师山以不出忠元,子常当亦受其感染。综观诸人,于元初胜国遗老坚贞不出,讲道自晦之遗风,犹知仰慕。然如吴澄虞汲之辈,终不免于一出,则成为或潜或跃,可进可退,而其所以潜与退者,乃无一明白之义理可据,乃不免以讲学著书传道自尊自解,而亦无可不以忠戴朝廷为归极。盖元之季世,儒士局促,其浅衷狭识,有无地自容之可悲者如此。如子常,意欲自比浮邱伯伏生,不知秦灭汉起与元亡明兴,其间情势大不同,岂容相拟。抑浮邱之与伏公,尚知避秦而逃,而子常心中,终若依恋元廷,冀其犹可有为,而使我仍得苟安于乡里,犹可以讲学著书传道自尊。识暗如此,则试问其学为何学,其书为何书,而其道又为何道乎?故子常虽列名于《明史·儒林传》,而论其大体,则终是一元儒也。清代《四库全书》以《东山存稿》列归元代,而《提要》著其入明之迹,此犹可说。至柯绍忞《新元史》,移子常入《儒林传》,则子常明膺明祖之召,为明初开国之臣,乃柯氏于传中略去不提,著史之体岂宜有此例乎?民国肇造,亦有所谓清室遗民,亦复以儒自居,则更不足与元末诸儒相提并论。至于如南海康氏,以能治《公羊春秋》名,乃与张勋同创宣统复辟之役,此则与赵东山之治《春秋》,更不知相距几何矣。

(三)读叶子奇《草木子》

叶子奇,《明史》无传,而朱彝尊《曝书亭集》有之,何以为《明史》最后所不采,则不知。朱传云:

> 子奇、字世杰,龙泉人。用荐、授巴陵主簿。尝作《太玄本旨》究,通衍皇极之说。洪武十一年,以株连就逮狱中,以瓦磨墨,有得辄书。事释家居,续成之,号《草木子》。其书究上下之仪,星躔之轨,律历推步,阴阳五行,海岳浸渎戎貊稀有之物,神伸鬼屈土石之变,鱼龙之怪。旁及释老之书,而归于六籍。兼记时事失得,兵荒灾异。曰草木子者,以草记时,以木记岁,以自况其生也。

又曰：

> 里人王毅从许谦游，受理一分殊之旨，子奇学于毅，曰：
> 圣贤之学，不贵多闻，以静为主，故自号曰静斋。

则子奇亦儒学而骛于博杂者，《草木子》，清四库有其书。其言曰：

> 天道不以理言，则归于幻妄。

此言殊有理。后人辨朱子理气论，必归之唯气一元，则其极非幻妄无归矣。又曰：

> 儒佛言性之旨，譬之明珠，均之为蚌生也。儒谓珠由内出，生于蚌胎。佛谓珠由外入，寄在蚌胎。儒本诸天，佛由诸己。此学者当辨其理。

窃谓此一辨亦有深致，珠由内出，生于蚌胎，所以儒者主天人合一。蚌胎生珠，其中必有理，故儒者又曰性即理。盈天地唯一气，亦唯一理而已。凡气必归之理，一切天道皆是理，此为程朱嫡传。若谓理在外，寄于气，故佛家重此性而轻于天，天地为幻妄，而此性唯可归于涅槃矣。故上引《草木子》两条，买一义相发，而子奇于儒家传统要旨，宜非无所窥见也。

《草木子》又曰：

化国之日舒以长，由其事简也。乱国之日短以促，由其
事繁也。

此言亦甚扼要。孔子论治而曰：大哉尧之为君也，**巍巍乎唯天为
大，唯尧则之，荡荡乎民无能名焉**。又曰：**巍巍乎舜禹之有天下
也，而不与焉**。又许仲弓可使南面。仲弓论子桑伯子，曰：居敬
而行简以临其民，不亦可乎。居简而行简，无乃太简乎。孔子然
之。子奇似亦能窥见其深意。

然则子奇能言性理，又能言治道，殆明初能具深识之人，较
之当时以诗文擅名者，应无多逊，而其书又多言元事，应亦非无
见之言。其言有曰：

元朝自世祖混一之后，大下治平者六七十年。轻刑薄
赋，兵革罕用。生者有养，死者有葬，行旅万里，宿泊如家。
诚所谓盛也夫。

如子奇之言，诚可代表明初诸臣心不忘元之一般心理，固不当轻
忽视之。又曰：

北人性简直，类能倾心以听于人，故世祖既得天下，卒
赖姚枢牧庵先生，许衡鲁斋先生诸贤启沃之力。及施治于
天下，深仁厚泽，浃于元元。惜乎，王以道文统，行吏道以杂
之。以文案牵制，虽足以防恣肆之奸，而真儒之效，遂有所
窒而不畅矣。

是谓元治杂以吏道，儒效不畅，亦中肯綮。又曰：

> 元末有危素大朴，江西人，游京师，专以倡鸣科举无人
> 才为说，人多信之。彼固以文章德行自居也。至正辛卯天
> 下之乱，能死节者惟彭城张枢，安庆余阙，江州李黻，燕京陈
> 子山，皆举人也。危是时已累位至参政，独首鼠畈降，上以
> 其失节屡辱之，决以夏楚，安置滁州而死。

此讥危素之失节，固非助奖为元而死节也。又曰：

> 元朝天下长官，皆其国人是用，至于风纪之司，又杜绝
> 不用汉人南人。宥密之机，又绝不预闻矣。其海宇虽在混
> 一之天，而肝胆实有胡越之间。

此处显以分别种族界线论元治。当子奇之世，应人人知之，然立
论及此者，似惟子奇一人。是子奇虽未以种族之见肆挞伐之意，
而非我族类其心必异之古训，则举世受之，而惟子奇能言之，子
奇之在当时，洵如孤鹤之在鸳群矣。又曰：

> 元朝末年，官贪吏污，始因蒙古色目人，罔然不知廉耻
> 之为何物。

持论至此，乃可为言人人之所不能言，而又其事昭然，固当人人
知之而人人能言之者。此尤见子奇之卓。又曰：

元朝混一六合,百有余年,而后江南得国。盖自朱邪正心始盛,至于元亡,首尾将五百年。孟子曰:五百年必有王者兴,其间必有名世者,此之谓也。岂徒然哉。

子奇之为此书,乃在狱中,及其事释居家而续成之,不知其为此条,乃在狱中乎,抑在事释居家之时乎。要之言举世之所不能言,可以雪举世群儒之耻矣。子奇之得罪,乃因有司祭神隍城,群吏窃饮猪脑酒,县学生发其事。子奇适至,遂株连。明祖盖能知治国不得不用儒,而一时群儒皆不乐为用,故屈意自卑下以待群儒,而又时时不吝严刑峻法,使诸儒不得不委屈为己用。然亦有真儒通明治道,堪于大用,而亦未尝拒不受用如子奇者,乃明祖竟不知之,即饮猪脑酒,亦何致遽受逮下狱,及其事释,亦未闻朝廷有致歉疚重处用之意。然则群儒之拒聘不出者,明祖乃始重之而又置憾焉,则群儒之见几而作,不俟终日,其情亦未可厚责也。

元治纵不足言,然历代开国,儒士之盛,明代为首。此皆群儒在元代,意存遁隐,故得有此。明祖奖起之是也,而必欲鞭笞驱策之,则固大非。逮于明祖之殁,儒士之仅存堪大用者,寥寥焉,惟方正学孝孺,冠冕一代,而不免于靖难之变,尤遭极刑,儒统遂绝。

时余姚有赵𢷎谦,朱彝尊《曝书亭集》有传,亦详《明儒学案》。洪武十二年征修《正韵》,𢷎谦时年二十八,亦应召。以年少,众易之,然𢷎谦不为贵显所夺,以是不见录。授国子监典簿。宋濂独以为不及,遣其子璲从游。方正学亦与善。及罢归,筑博

古台读书其上,著书三百余卷,后皆散佚。其为《造化经纶图》
有曰:

> 博览以致广大,穷究以尽精微,凡大而天地之理,微而
> 事物之故,明而礼乐之文,幽而鬼神之情状。近而人物贤否
> 邪正之分,远而古今兴衰治乱之迹,无一不当致知。疑事无
> 质,知之为知之,不知为不知。

斯可谓有志于为通儒之学者矣。又越十年,又因荐,召为琼山教
谕,卒于广城,时为洪武二十八年,年仅四十五耳。是明祖之征
群儒,特以其名,非能真知其人而善养善用之也。如叶世杰赵扬
谦,年辈皆较晚,非早显名于当世,明祖则处以微吏卑职,何尝知
护掖而成就之。故前辈高名,则崇视焉,又嫉视焉。俊秀之较后
起而可有大成就者,每不拒聘,而朝廷不能用,故及明祖之卒,前
辈凋谢,而后继者,朝廷乃若有无儒可用之厄。明祖虽竭意兴学
校,广荐举,又创历事监生及翰林院庶吉士等诸新制,其用心用
力,已远胜于北宋之初。然以之振饬吏治可也,以之宏扬儒风,
则非其道。此后儒学复兴,如吴康斋胡敬斋娄一斋陈白沙,皆迹
近隐沦,近于元儒。阳明起,始积极从政,然先之以龙场驿之贬,
继之以平宸濠后之遭谗谤,此后王学之徒,不仅浙中泰州,即江
右门下,亦多隐沦是尚。及至东林起,乃正式以不尚山林而必以
朝廷政务为念,以相号召。然党祸反复,卒与明祚同终。盖明祖
之崇儒,其志终是偏重于吏治,而微忽于尊贤。知用臣未尝知崇
道。故儒道之与吏治,其在有明一代,终无沆瀣相得之美,较之

两汉唐宋皆逊，此亦治明史与究明学者所值深切研讨一问题也。

又按《明史》及《曝书亭集》分载：

王　冕　当元之季多逸民，冕其一也。(《明史》本传)

刘永之　清江人。长《春秋》。尝一至京师，宋濂欲留之，以耳聋辞归。后以子获罪当徙，卒于途。(《曝书亭集》卷六十四)

王　翰　仕元为潮州路总管，元亡浮海入闽。太祖闻其贤，强起之，翰自刭死。(《明史·陈友定传》、《林鸿传》)

陈　亮　长乐人。自以故元儒生，明兴，累诏不出。
(《明史·林鸿传》)

右四人，亦足证见明初士人心理之一斑，特附于此，其他不备列。

此文中的《读赵汸〈东山存稿〉》曾刊
载于一九七五年二月《中华日报》副刊

金元统治下之新道教

当宋明新儒学时代,北方金元统治下,有新道教之崛兴,此事颇有关于北方社会经济及文化之保存。盖几于西方罗马覆亡后之基督教会也。《元史·释老传》,分道家为四派,曰全真、正一、真大道、太一。正一天师乃宋以前道教旧统,全真等三派,则为宋南渡后北方所新创,而全真特盛。当时已有李道谦之《祖庭内传》与《七真年谱》、《甘水仙源录》诸书记其梗概。清末东莞陈铭珪(友珊)有《长春道教源流》,近人新会陈垣(援庵)有《南宋初河北新道教考》,两书钩稽益详。兹文特撮述大要。然亦多二陈所未及也。

全真教创始于金之王嚞,所谓重阳真人也。重阳,陕之咸阳人,生于宋徽宗政和二年,卒于金大定十年。方咸阳沦陷,重阳年已弱冠,刘祖谦《终南山重阳祖师仙迹记》称其少读书,系学籍,又隶名武选。核其年代,当属宋建炎初。麻九畴《邓州重阳观记》谓:

重阳有文武艺，当废齐阜昌间，脱落功名，日酣于酒。

则其人盖宋之忠义逸民，抱亡国之痛而愤激自放者。

刘祖谦《重阳仙迹记》又称：

箕子狂，九畴叙。接舆狂，凤歌出。……师掘地为隧，封高数尺，榜曰活死人墓。又于四隅各植海棠一株，曰吾将来使四海教风为一家耳。

则其为隐遁佯狂可知。商挺《题甘河遇仙宫》诗谓：

子房志亡秦，曾进桥下屦。佐汉奠鸿基，矹然天一柱。要伴赤松游，功成拂衣去。异人与异书，造物不轻付。重阳起全真，高视仍阔步。矫矫英雄姿，乘时或割据。妄心知复非，收心活死墓。（《元诗选》）

是重阳当时，实曾纠众起义。商挺元时人，乃敢揭其大节见于诗篇也。其后重阳东游，讲道于山东宁海州。其徒著者，有马钰号丹阳，谭处端号长真，刘处玄号长生，邱处机号长春，王处一号玉阳，郝大通号广宁，又马妻孙不二号清净散人，谓之七贤。而邱刘谭马尤著，谓之四哲。重阳生前，初不自标其教为道家，在登州有三教玉华会，在莱州有三教平等会，又有三教七宝会，三教金莲会，三教三光会等，凡立会必以三教名，不独居一教。故常劝人读《道德经》，《般若心经》，及《孝经》。三教归一之说，明儒颇唱之,实已导源于此矣。而重阳之自名其教则曰全真,虞集《道园学古录》所谓豪杰之士,佯狂玩世,志之所存,求返其真,谓之全真是也。其教旨

大概务以安恬冲澹,合于自然,含垢忍辱,苦身励行,持之久而行之力,斯为得之。(元张起岩《劳山聚仙宫记》)

其修持大略,以识心见性,除情去欲,忍耻含垢,苦己利人为之宗。(元徐享《郝宗师道行碑》)其学首以耐劳苦,力耕作。故凡居处服食,非其所自为不敢啖。蓬垢疏粝,绝忧患慕羡。人所不堪者能安之。调伏摄持,将以复其性。死生寿夭,泊然无系念。(元袁桷《清容居士集·锦月观记》)

故其

涉世制行殊有可喜。其逊让似儒,其勤苦似墨,其慈爱似佛。至于块守质朴,澹无营为,则又类夫修混沌者。(金辛愿《陕州灵虚观记》)

盖

全真道有取于老佛两家之间,故其寒饿憔悴,痛自黔劓,若枯寂头陀然。及有得也,树林小鸟,竹木瓦石之所感触,则能颖脱,缚律自解,心光晔然,普照六合,亦与头陀得道者无异。(金元好问《遗山文集·离峰子墓铭》)

> 其教始以修真绝俗,远引高蹈,灭景山林,如标枝野鹿,漠然不与世接。终之混迹人间,蝉脱泥滓,以兼善济物为日用之方。岂以道真治身,以绪余为国,以土苴治天下乎?(元王恽《秋涧集·徽州昨城县灵虚观碑》)

大率当时所以称全真教者具如此。论其大体,诚为兼综儒释道三家之一种教义也。又据元王利用《无为真人马宗师道行碑》:

> 马丹阳问重阳何名曰道,重阳曰:"五行不到处,父母未生时。"

此即老子有物混成,先天地生之说也。濂溪《太极图说》云:"无极而太极,太极动而生阳,动极复静,静而生阴,阴阳变合而生水火木金土。"重阳以五行不到说道,亦其义也,其曰父母未生,则禅家旧说也。又尹清和(邱长春弟子)《北游语录》云:

> 长春师父言,俺与丹阳同遇祖师学道,祖师令俺重作尘劳,不容少息,而与丹阳默谈玄妙。一日,闭户,俺窃听之,正传谷神不死调息之法。久之,推户入,即止其说。俺自此后,尘劳事毕,力行所闻之法。

又云:

> 祖师将有归期,于四师极加锻炼,一日之工如往者百千

日，错行倒施，动作无有是处。长春师父默自念曰：从师以
来，不知何者是道，凡所教者皆不干事。一日乘间进问，祖
师答曰：性上有。再无所言。后祖师临升，谓长春曰，尔往
日尝有念云，凡所教我者，皆不干事，尔曾不知不干事处即
是道。

据此知全真传授亦极有禅门风趣。重阳告长春曰性上有，此即
运水担柴莫非神通也。又曰不干事处即是道，此犹庄子云道在
蝼蚁稊稗瓦甓屎溺也。知道之无不在，即知道之未始有在，至是
而性与道始通为一，此又佛家六行万度不染不著之宗旨也。惟
禅宗归之一切空，宋儒则转而为存天理，明明德，用之于修身齐
家治国平天下。今全真教旨非儒非释。所以为非儒者，全真诸
祖师皆亡国逸民，丁阳九之厄，苟全性命，本不作治平之想。所
以为非释者，全真诸祖师惊心世乱，志切救难，亦岂忍谓之一切
空。又所以为非老庄者，老庄淡漠，全真恳挚。老庄玩世，全真
则转而求淑世。故彼辈之制行，乃似墨徒，如邱长春之于王重
阳，恰似禽滑厘之师墨子，其刻实笃行之风，舍墨徒殆无与拟。
尹清和《北游语录》云：

> 长春师父至谦至下，大悲大慈，所出之言，未尝一毫过
> 于实。

此一实字，大可注意。全真之实，近于儒家之诚，而远于老庄之
所谓朴与真，此则由其意态之不同。《北游语录》又云：

尝记有人劝长春师父少施手段，必得当世信重。师父不顾。至于再三，劝者益甚，师父大笑，曰：俺五十年学得一个实字，未肯一旦弃去。

又云：

陈秀玉尝谓人曰：吾所以心服邱长春者，以其实而已。尝与论教，有云：道释杂用权，惟儒家不用，非深明理者不能有此语。

观此，知全真诸师制行涉世实最近儒。惟儒者志求上达，常期得君行道，治国平天下。全真诸师则志在下行，深入社会下层，与贫苦民众交接，故其风格又似墨耳。

重阳之学一传为邱刘谭马，而邱马之道行又各自有别。以禅家相拟，重阳如五祖弘忍，邱马则惠能神秀之分宗矣。《北游语录》云：

四师真成道有迟速。丹阳二年半，长真五年，长生七年，长春师父至十八九年。

又云：

长春师父尝言：我与丹阳悟道有浅深，是以得道有迟速。丹阳便悟死，故速。我悟万有皆虚幻，所以迟。

又云:

> 丹阳师父以无为主教,古道也。至长春师父则教人积功行,存无为而行有为。

栖云子王志谨《盘山语录》论此甚详,其言曰:

> 或问识得一,万物毕,又云抱玄守一,一是甚么。师云乃混然之性,无分别之时也。既知有此,即堕于数,则不能一矣。一便生二,二便生三,三生万,如何守得,不若和一也无。故祖师云:抱玄守一是功夫,地久天长一也无。这个"一也无"处,却明出自己本分来,却不无也。故经云:知空不空,知色不色,名为照了。……或问丹阳真人以悟死而了道速,其旨如何。答云:修行之人,当观此身如一死囚,牵挽入市,步步近死,以死为念,事事割弃,虽有声色,境物纷华,周匝围绕,目无所见,耳无所闻,念念尽忘,此身亦舍,何况其他,以此炼心,故见功疾。……修行人若玄关不通,当于有为处用力立功立德,久久缘熟,自有透处,胜如两头空担,不能无为,不能有为,因循度日。长春真人云:心地下功,全抛世事,教门用力,大起尘劳。若无心地功夫,又不教门用力,请自思之,是何人也。……昔在山东十有余年,终日杜门,以静为心,无人触著,不遇境,不遇物,此心如何见得成坏,便是空过时光。夫天不利物则四时不行,地不利物则万物不生,不能自利利他,有何功行。故长春真人云:动则安

人利物,与天地之道相合也。

此处见丹阳长春二人道行不同处。丹阳之学似多参佛理,独善之意为多。长春之学似多参儒术,兼善之意尤切。而两人之学皆出重阳。盖重阳宗老子而兼通儒释,而丹阳长春则学焉而各得其性之所近。二子者,亦如佛学之分空有,禅宗之别顿渐也。惠能出弘忍门,而与神秀不同,然未尝自异于五祖,而禅宗之盛则端始惠能。全真教之确立,亦当以邱长春为之主。惟长春实当称为全真之北宗耳。

马邱异行,其间亦有时世因缘。丹阳学道在金世宗大定八年,其化在二十三年。金世宗号小尧舜,其时与宋通好息兵,北方粗安,故丹阳得以无为立教。长春晚年则值蒙古崛起,长春《愍物》诗云:“大苍苍兮临下土,胡为不救万灵苦。”又曰:“皇天后土皆有神,见死不救知何因。”其悲悯为怀,不得不以有为为教者亦时也。至其于尘劳中悟无为,于至实处悟万有皆虚,于功行积累中见透心地,下学上达,一以贯之,洵不愧此教之龙象。《北游语录》云:

> 丹阳以无为主教长生,无为有为相半。长春有为十之九,无为虽有其一尚存,而勿用焉,道同时异也。

又云:

> 有人问道于长春师父,答曰:外修阴德,内固精神。(按

此即答元太祖语）

此八字极平实,极浅近,然已道出毕生之功行与修持矣。时兵革
满河朔间,宋金各遣使来召,同时蒙古亦使刘仲禄来,人皆谓其
当南行,处机乃北迈。有诗云:"十年兵火万民愁,千万中无一
二留。去岁幸逢慈诏下,今春须索冒寒游。不辞岭北三千里,仍
念山东二百州。穷急漏诛残喘在,早教身命得消忧。"（《金莲正宗
记》邱长春条）长春遂面见元太祖。太祖问以长生之药,对曰:但有
卫生之道,无长生之药。太祖爱其诚,屡召见,即劝以勿嗜杀人。
(同上)今传《长春真人西游记》,志其行迹。《玄风庆会录》(见《道
藏》)志其问答。陈铭珪云:

> 邱长春当杀运方炽之时,以七十余岁之老翁,行万数千
> 里之绝域,断断然以止杀劝其主,使之回车,此则几于禹稷
> 之己溺己饥,而同符于孔席不暇暖,墨突不得黔之义。

《元史·释老传》亦言:

> 太祖时方西征,日事攻战,处机每言欲一天下者,必在
> 乎不嗜杀人。及问为治之方,则对以敬天爱民为本。太祖
> 深契其言,命左右书之,且以训诸子。又其时国兵践踩中
> 原,河南北尤甚,民罹俘戮,无所逃命。处机还燕,使其徒持
> 牒招求于战伐之余,由是为人奴者得复为良,与滨死而得更
> 生者,毋虑二三万人,中州人至今称道之。

元商挺《大都清逸观碑》有云：

> 长春每语众：今大兵之后，人民涂炭，居无室，行无食者皆是，立观度人，时不可失，此修行之先务，人人当铭之心。

故全真初创，由于遗民忠愤，佯狂避世。及其全盛，则转为教主慈悲，圆宏救度。此自别有一段精诚贯彻，所为与往日黄冠羽士神仙方伎者流异趣，而彼辈之所以仍必托于黄冠羽士间者厥因亦在此。

盖尝论之，中国北方黄河流域，当五胡北魏时代膺受第一次大灾祸。其时则赖士族大家庭势力支撑弥缝，使社会经济于破毁中复苏，传统文化亦藉以保留。佛教虽在此时传播，然乃乘虚而入，其于经济义化保育护全之力，则实在当时大门第之下。至金元时代，北方又受第二次大灾祸。其时则士族门第已不存在，社会无可屏蔽，全真教诸祖师乃借宗教为掩护，其所以弭杀机，召祥和，为社会经济保存一线生机，为传统文化保存一脉生命，正犹西方罗马覆亡以后之基督教会也。此乃全真教在当时之大贡献。然正亦因此，遂使彼辈仍与道教旧统发生系联，于是有将王重阳之道统上接吕洞宾钟离权刘海蟾，而有所谓五祖七真之说者。（五祖谓东华子钟吕刘及王重阳也。七真本为王重阳及马谭刘邱王郝六子，因以重阳上列五祖，故增孙不二为七真。见《金莲正宗记》。）于是有由全真家而刊行《道藏》，如元太宗时，有全真道士宋披云等重刊之藏经于平阳，是为《元藏》，以自接以往道家之统绪。但因此而全真教乃终不得不为传统道教大流所吞淹。故全真教虽为创教，而仍非创教，虽与以往旧道教不同，而仍无以与旧道教割席分坐。无以名之，则名之曰新道教。

全真教以外，尚有真大道教，始自金道士刘德仁，生宋宣和，卒金大定，与王重阳年代略相当，亦宋之逸民也。虞集《道园学古录》论之云：

> 真大道以苦节危行为要，不妄求于人，不苟侈于己。……金有中原，豪杰奇伟之士，往往不肯婴世故，蹈乱离，辄革衣木食，或佯狂独往，各立名号，以自放于山泽之间。当是时，师友道丧，圣贤之学，澌灭殆尽。惟是为道家者，多能自异于流俗，而又以去恶复善之说劝诸人。时州里田野，各以所近而从之。受其教义者，风靡水流，散于郡县，皆能力耕作，治庐舍，联络表树，以相保守，久而未之变也。（真大道教第八代崇玄广化真人岳公碑）

虞氏将真大道教对当时社会经济与文化传统之影响描述已尽，真大道教如此，全真教亦可推想，所谓各立名号，并无二致也。又宋濂《宋学士文集》有《书刘真人事》，记刘德仁创教大义。

> 一曰视物犹己，毋萌戕害凶嗔之心。二曰忠于君，孝于亲，诚于人，辞无绮语，口无恶声。三曰除邪淫，守清静。四曰远势力，安贱贫，力耕而食，量入为用。五曰毋事博弈，毋习盗窃。六曰毋饮酒茹荤，衣食取足，毋为骄盈。七曰虚心而弱志，和光而同尘。八曰毋恃强梁，谦尊而光。九曰知足

不辱，知止不殆。……传其道者几遍国中，……盖其清修寡欲，谦卑自守，力作而食，无求于人，实与天理合。天理人心所同，固足以感召。

此文可见当时创教者之身世与其苦心。盖其时之新道教，大抵皆阳道而阴儒，非儒术不足救世，而儒术非掌握政治教育之权势位望则其道扞格，故改修老子之道以自晦。儒术期于上达，今则一意下行，此当时新道教之共同精神。所以不之释而之道者，或者其犹有种姓之见存欤？此则史文不备，未可深论也。真大道教之衰微，亦与全真教相似，盖在有元中叶之后。

全真教真大道教之外，复有太一教。始祖萧抱珍，据王恽《秋涧集·二祖萧道熙行状》，抱珍卒于金大定六年，早于全真王重阳者四年，则亦宋之逸民也。河北之亡，抱珍盖亦弱冠矣。太一教史料多见《秋涧集》，《三代度师先考王君墓表》谓：

道家者流，虽崇尚玄默，而太一教法，专以笃人伦翊世教为本。

则太一教亦为一种阳道阴儒之教。是知全真真大道太一三教大体，无甚出入也。今若论此诸教之理论著述，以视宋明理学诸儒，则谨严深博，显见不如。然其宏教卫族之苦心，曲折以赴，亦可谓之有体有用。较之宋代新儒学，未必不为有异曲同工之妙矣。

又按金有李纯甫，著《屏山鸣道集说》，以老庄孔孟释迦为

五圣人,此亦一三教合一也。同时讲友如闲闲老人赵秉文之类,
路径大致相似。至元初湛然居士耶律楚材亦深推屏山之学,此
一派皆崇佛教,与全真真大道太一遥遥相对。耶律楚材终与邱
长春成隙,而万松弟子少林福裕讼全真于元宪宗,八年戊午,遂
有道释大辩论及焚毁《道藏》之事。嗣至元十八年辛巳,《道藏》
又二次遭焚。全真诸教虽不遽以是而熸,然一带宗教面目,则相
互冲突自不能免。直待明儒继起,以儒家地位而谈三教合一,始
无轧轹之祸,此亦可附记者。

此文刊载于一九四六年十月南京
《中央周刊》八卷三十七期

理学与艺术

（一）

艺术从人生中流出，成为人生中重要一部分。故贵能从人生来看艺术，亦贵能从艺术来看人生。人生不同，斯艺术亦不同。东西文化不同，人生不同，而东西双方之艺术亦有不同。不仅惟是。即专就中国言，古今递传，垂四千年，文化虽同一传统，然因时代社会不同，而各时代之人生亦有不同，于是各时代之艺术亦随之有不同。

如商周有钟鼎彝器，而后代无之。宋以后瓷器盛行，亦非前代所有。如论书法，南北朝时代，南方擅帖书，以新兴行草为主。北方长碑书，带古代隶体，为较老之传统。帖书多用于日常人生，碑书则多以刻石，用于名山胜地佛道大寺院，以及名臣贵族死后之墓地。下及唐代，碑帖渐合流，而南方风格占优势，至宋益然。此何故，亦惟时代不同，社会人生不同，而艺术亦随之异宜。

再论绘画,在前亦以壁画刻石为主。其应用范围,亦多在王室宫廷,贵族门第,道佛宗教圈内。中唐以前,仍沿南北朝旧轨,以宗教道释画为盛。政治方面,十八学士图有两次,凌烟阁功臣图有四次。其他如贞观时代之王会图,玄宗封泰山之金牒图,贞元画汉名臣之屏风图,皆关涉政府大典。至于山水花鸟民间日常之观赏画,则在中唐以前,可谓尚未兴起。此何故,亦惟时代社会不同,人生不同,而艺术亦随之而不同。

论中国古今社会之变,最要在宋代。宋以前,大体可称为古代中国。宋以后,乃为后代中国。秦前,乃封建贵族社会。东汉以下,士族门弟兴起。魏晋南北朝迄于隋唐,皆属门第社会,可称为是古代变相的贵族社会。宋以下,始是纯粹的平民社会。除却蒙古满洲异族入主,为特权阶级外,其升入政治上层者,皆由白衣秀才平地拔起,更无古代封建贵族及此后门第传统之遗存。

故就宋代言之,政治经济,社会人生,较之前代,莫不有变。学术思想乃如艺术,亦均随时代而变。就时代之先后言,一时代有一时代之学术思想,亦如一时代有一时代之艺术,固皆随时不同。但若通就每一时代之横断面言之,则若时代中之一切,又莫不有其相互近似之共通性。本文专拈宋代为例,理学亦称宋学,乃当时之新儒学,在中国学术思想史上,其为变尤著,而宋以下之艺术,亦复与之相应。故本文以理学与艺术为题,发挥此意。关于艺术方面,则专论绘画一项。举一反三,事在读者。本文窃愿为治中国艺术史者之大辂椎轮,导此一先路。

唐代张彦远《历代名画记》,备叙古今南北画风相异,而曰：

> 胡服靴衫，岂可施于古象。衣冠组绶，不宜长用于今
> 人。芒屩非塞北所宜，牛车非岭南所有。详辨古今之物，商
> 较土风之宜，指事绘形，可验时代。

宋郭若虚《图画见闻志》则曰：

> 佛道人物，士女牛马，近不及古。水石山林，花竹禽鱼，
> 古不及近。

此皆就画论画，由于各时代社会人生之变，而绘画上之题材与作
风亦随而变。今为推广深求，旁通之于学术思想方面，而发明其
内在相互之关系，则所可阐述者，当决不止此。绘画与其他艺
术，皆仅属人生之一方面，一部分。我所谓就艺术观人生，就人
生观艺术，其用心措意所在，当远为开阔，此为本文之作意。

（二）

今论宋代理学之与绘画艺术，当先逆溯而上，略论宋以前之
演变。就学术思想言，略去秦前不论，姑分两汉为经学时期，魏
晋南北朝迄于唐初，为老庄玄学与佛学时期。唐以下迄于五代，
为禅学时期。宋元明三代为理学时期。相应于此四时期学术思
想之递变，而中国之绘画史，适亦有此四时期可分。

两汉画风,可举张彦远《历代名画记》"助人伦成教化"之六字为之标宗,此即三国曹子建所云绘图存乎鉴戒也。盖在当时,尚未有一切艺术与绘画之独立观念,绘画仅是政治教育上之一种应用品。此层为研讨中国文化史者一极值注意之事项。盖中国文化发展,先从一中心逐渐展开。即如文学,直至东汉始有《文苑传》,可证其先如诗三百,如楚辞,如汉赋,纯文学之发展,久已可观。而在中国古人心目中,则文学尚未达成一独立观念。而绘画之达成一独立观念,则犹在文学之后。

其次是魏晋南北朝,可举南齐谢赫《古画品录》所举之六法为例。六法者,一曰气韵生动。二曰骨法用笔。三曰应物象形。四曰随类赋彩。五曰经营位置。六曰传移模写。谢赫六法,极为后代画家所称重。郭若虚《图画见闻志》有曰:

六法精论,万古不移。

然若就中国画史进展言,则谢赫六法,仅涉画艺,仅论作画方法。画之为技,乃犹离人而外在。其时绘画已成独立观念,而绘画在整个人生中之地位,则犹未鲜明。此处又见中国文化进展之另一重要步伐,值得注意。中国文化进展,先由整体一中心出发,其次逐渐向四围分别展开。又其后,乃再各自回向中心会合调整。如文学直到东汉始成独立观念,及唐代,诗有李杜,文有韩柳,始再回向中心,而创文道合一之新观念。画学亦然,惟其事须待至宋代,乃始有画道合一之新观念。此所谓道,乃指整体人生之中心所在,亦即中国文化之主要精神所在也。故中国文化虽与时俱新，而后之与前，仍属一体。后代之开新，仅对前代之成就作更深更广更高厚之发展，不为对立之代兴，更不见有破坏之攻击。故中国文化绵亘数千年，虽亦富有日新，而不失其传统之一贯。此尤见中国文化之至高价值，而即可以绘画史为证。

绘画在唐代禅学时期，首当以王维为代表。宋苏轼云：

> 味摩诘之诗，诗中有画。观摩诘之画，画中有诗。

是王维始以诗境入画，遂开中国绘画之新生面。以今语阐之，即是以整体人生渗入绘画之中，及张璪乃云：

> 外师造化，中得心源。

此两语，可举为禅学时期论画之纲宗。在先南朝陈姚最《续画品》已云：梁元帝学穷性表，心师造化。今乃举张氏两语为禅学时期论画之划时代语者，此亦见中国文化特质。师承有自，而不害其有创辟。新论特出，而不害其有渊源。画学分期，本是方便立说，未可拘泥以求。

以前谢赫六法，画家作画，主于对外物形象，一一分别为之描绘模写，今曰师造化，则万物群类，均当融归一体。其对外物之看法，轻重不同。李思训之金碧山水，经王维而变为破墨山水，可悟其中消息。又有不同者，谢赫六法，仅限于画品，而不及于画家。张璪外师造化中得心源两语，始将外物与内心，画品与画家，兼融合一。此为两时期画论之主要相歧。更有一义须为指出，吟诗之与作画，文学之与艺术，既已归根复源，汇融于人生实体中，而禅宗时期之人生观，则外无物，内无我，一是归于涅槃。王维诗：雨中山果落，灯下草虫鸣，此诚可谓诗中有画。然此雨中灯下，山果之落，草虫之鸣，则已融成一片天机，不当复为分别，有雨有灯有果有虫之各别存在，与夫雨中灯下果落虫鸣之各别境界。只此即是一造化。而更要者，在此雨中灯下果落虫鸣之际，乃不见有人，即是不见有我。明明在雨中灯下，有此人，有此我，而诗中则只有虫鸣果落，于此乃见禅味。故张璪所谓外师造化，中得心源，乃指其心之融于造化，而亦不见有心，此即禅家之所谓悟。王维论画亦曰：

> 云峰右迹，迥出天机。笔意纵横，参乎造化。

此所谓天机，即犹张璪之云心源也。故谢赫论六法，有画品，无画家。主于形象，偏倾在外，遂使人仅重画中之物，而不重画者其人。最多亦是人以画重，无此画即无此人。王维张璪则欲超乎物外，心与物融，而于画中见造化。于是先贵有心中之天机，乃能有笔下之造化。必先有此画家，乃能成此画品。作画之能事，乃先在于其人未画之前。然其所画内容，则终是以在外者为主。亦犹禅家由我生悟，但悟了即无我。则是所悟亦在外也。

禅学至于唐末五代而大盛，然生民灾祸，亦至此而极。若论造化，于造化中终不能抹杀了人生。若论人生，于人生中亦终不能抹杀了有我。此下遂开有宋之新儒学，而理学由此兴。

今姑举程明道诗句有曰：

　　万物静观皆自得，四时佳兴与人同。

此乃自造化观重返到万物观。造化中有此万物，万物在造化中亦各有所自得。人居万物之一，岂至于人而独无所自得。佳兴与人同，不仅指我与人同，乃亦指天与人同。四时佳兴在天亦在人，故曰与人同也。物各自得，是一物一太极。天与人同，是万物一太极。理学家乃于造化中主有我，此为与禅家不同处。

　　朱晦庵诗有曰：

　　半亩方塘一鉴开，天光云影共徘徊。
　　问渠那得清如许，为有源头活水来。

此即犹张璪之所谓外师造化中得心源而寓义大不同。天光云影，徘徊于水塘一鉴之上，是犹谓造化即在我方寸中也。万物皆有自得，正为得此造化。造化能入吾心，亦正为我心之有源头活水。而此心源活水之本身，实即是一造化。如是则造化在我，何烦别立无我一义。有我无我，正为禅学与理学之疆界所在。

　　本此而言绘画。我之此心投进外面自然界，没入融化，此心释然，乃达无我涅槃境界。故禅学时代之画境，必至于无我。我心澄然豁然，外面自然界投进我心，没入融化，斯则造化在心，达于自得之境界。自得即有我，故理学时代之画境，必然主于有我。此一分别，即观于宋人之画论而可知。此下略引宋人画论，以证我说。

（三）

最先当引《欧阳修文集·试笔》中《鉴画》一则，其言曰：

> 萧条淡泊，此难画之意。画者得之，览者未必识也。故飞走迟速意浅之物易见，而闲和严静趣远之心难形。若乃高下向背，远近重复，此画工之艺尔，非精鉴之事也。

永叔非画家，其时亦尚未有理学，此条所言，乃在理学成立之前。然特提出画意两字，则大可注意。盖言画意，则作画之心，更重于所画之物。故又轻视画工之艺，此非轻视于画，乃是于画艺有新要求。其谓飞走迟速，此属自然造化，而特谓其意浅易见。闲和严静，则正画家内心自得处，而特谓其趣远难寻。若以合之东坡之评摩诘，则诗中有画易，而画中有诗难。画中有诗，即是画中有意，画中有我。永叔此条，乃见其时绘画界新风气肇始，此乃时代人心之所共同追寻，而永叔特先得之也。

郭若虚《图画见闻志》则曰：

> 人品既已高矣，气韵不得不高。气韵既已高矣，生动不得不至。所谓神之又神而能精焉。

此始是就画论画，而特提出人品一观念驾于气韵之上，则不得不谓是宋代人之新观念。在玄学佛学以及禅学时期，皆不曾在画中有人品一观念之产生。南宋姜夔《白石论书》则曰，一须人品高。明代文徵明题画则曰：人品不高，用墨无法。可见艺术中有人品一观念，已为后人承袭，而遂成为论画首要一重点。谢赫六法首言气韵，所重在画。今言人品，则所重在作画之人。前人乃以其能画，始目为画家。今则谓当先具画家之水准，始能作画。画之高下，更要在作画者之人品，此不得不谓是在中国画史上先后观念一大转变。

苏轼亦曰：

> 观士人画，如阅天下马，取其意气所到。乃若画工，往往只取鞭策皮毛槽枥刍秣，无一点俊发，看数尺许便卷。

东坡此言，亦如永叔。对于画之鉴赏，亦属人生一艺术，而主要皆在意境方面。

南宋邓椿《画记》亦曰：

> 画者，文之极也。张彦远所次历代画人，冠裳大半。其为人也多文，虽有不晓画者寡矣。其为人也无文，虽有晓画者寡矣。

晓画亦兼鉴赏言。士人之与画工，多文之与无文，亦皆言人品。鉴赏者与作画者乃成为一种人格之共鸣，此等见解，皆前人所未及也。

郑刚中《北山集·画说》亦言之，曰：

> 唐人能画者郑虔,窥造化而见天性。虽片纸点墨,自然可喜。立本幼事丹青,而人物阗茸。虽能模写穷尽,亦无佳处。故胸中有气味者,所作必不凡。而画工之笔,终无神观。

此于郑虔与阎立本两人,轩轾甚至。立本之于画,负一代美誉,今刚中下侪之于画工,可证时代观念之变矣。

画家辨人品,主要在论其心胸。郭若虚《图画见闻志》又曰:

> 得自天机,出于灵府。

此与张璪所云外师造化中得心源义又不同。张意谓由我此心外师造化而有画,郭意则谓画出灵府,乃由我心天机所得。而所画外面,转置不论。

苏轼亦言之,曰:

> 画竹必先得成竹在胸中,执笔熟视,乃见其所欲画者,急起从之,振笔直逐,以追其所见。如兔起鹘落,少纵即逝矣。

此一条,正可为郭若虚得自天机出于灵府八字作注脚。

董逌《广川画跋》亦曰:

> 明皇思嘉陵江山水，命吴道玄往图，及索其本，曰：寓之心矣。诏大同殿图本以进，嘉陵江三百里，一日而尽，远近可尺寸计。论者谓丘壑成于胸中，既寤则发之于画，故物无留迹，累随见生，殆以天合天者耶。

此谓丘壑成于胸中，即犹东坡云成竹在胸也。虽引吴道玄为证，然此等意见，不害其为一代之新趋。又曰：

> 燕仲穆以画自嬉，山水犹妙于真形。登临探索，遇物兴怀，胸中磊落，自成丘壑，然后发之。

其《书李成画后》又曰：

> 咸熙于山水泉石，岩栖而谷隐，盖生而好也。积好在心，久则化之。凝念不释，论与物忘，则磊落奇蟠于胸中，不得遁而藏也。他日忽见群山横于前者累累相负而出矣。岚光霁烟，与一一而下上，漫然放乎外而不可收。盖心术之变，化有而出，举天机而见者皆山也。故能尽其道。后世按图求之，谓其笔墨有蹊辙，可随其位置求之。彼其胸中自无一丘一壑，若其谓得之此，复有真画者耶？

同一山水，入我心中，与入他人心中者自不同，故曰心术之变，化有而出。论画而及心术，此皆宋代人意见也。盖画中丘壑，乃画家心中之丘壑，故曰山水犹妙于真形也。此皆论画山水，又论画

花鸟,亦曰:

> 无心于画者,求于造物之先。赋形出象,发于生意,得
> 之自然。待见于胸中者,若花若叶,分布而出矣,然后发之
> 于外,假之手而寄色焉,未尝求其似而托意也。李元本学于
> 徐熙,而微见用意求似者,既遁天机,不若熙之进乎技矣。

用意求似,则意在外。未为求其似,而姑以托意。意有高下,斯
画有高下矣。然亦非谓画可不似,乃谓意有在求似之外耳。又
曰:求于造物之先。此语更具深意。张璪曰:外师造化。不知造
化有在成物之先者。此乃一种哲理,非徒观于物而可知也。

罗大经《鹤林玉露》论画马亦曰:

> 画马者必先有全马在胸中。若能积精储神,赏其神骏,
> 久久则胸中有全马矣。山谷诗云:李侯画骨亦重肉,下笔生
> 马如破竹。生字下得最妙。盖胸中有全马,故由笔端而生,
> 初非想象模画也。

此谓画中之马,乃由画家心中生出,非模拟而成。则亦可谓画中
之马,乃一种人文马,而非自然马。惟人文亦从自然来,而非自
然之可尽。《铁网珊瑚》赵孟坚《梅竹谱》有曰:

> 愿君种取渭川一千亩,饱饱饭,逍遥步扪腹。风晴烟
> 雨,尽入君心胸,吐出毫端自森肃。

可见宋以后人论画，亦皆主胸罗造化，然后笔而出之，抒写由我，不限于外物。然则绘画一事，岂不成为非画物，乃画心乎？故米友仁有心画之说，见《铁网珊瑚》，其言曰：

> 子云以字为心画，非穷理，其语不能至是。画之为说，亦心画也。自古莫非一世之英，乃悉为此。岂市井庸工所能晓。

所画者是物，作画者是心，此与作字同理，于是而有轻视形似之画论，苏轼诗有曰：

> 绘画以形似，见与儿童邻。作诗必此诗，定知非诗人。

董逌谓，燕仲穆画山水犹妙于真形，又曰：李元本学画花鸟于徐熙，而微见用意于求似，乃不若熙之进乎技，皆与东坡说同意。然则画亦当有技而进乎道之一境也。

又如米友仁《画史》云：

> 大抵牛马人物，一模便似。山水摹皆不成。山水心近自得处高也。

造化自然，亦有深浅。牛马人物易模，乃其浅处，山水难模，始是造化之深处。人心亦出造化，而更是造化之深处。故曰山水心近自得处高，此亦就画穷理之语。故曰绘画以形似，见与儿童

邻。儿童于人生为浅涉,作画求形似亦浅涉也。然孟子曰:大人
者不失其赤子之心,故谢赫六法,终自千古不废耳。

刘道醇《圣朝名画评》则曰:

> 观画之法,先观其气象,后定其去就,次根其意,终求其
> 理,此乃定画之钤键也。

此处提出气象二字,又与谢赫言气韵不同。气韵在用笔,而气象
乃在画面全体之格局。气韵仍属所画之外物,而气象乃涉作画
者内在之心胸。气象二字,尤为宋代理学家所爱用。观人当观
其气象,观画亦然。而刘道醇又特标出一理字,大可注意。

苏轼亦言之,曰:

> 人禽宫室器用,皆有常形。山石竹木水波烟云,虽无常
> 形,而有常理。

又曰:

> 寓新意于法度之中。寄妙理于豪放之外。

画求形似,自有法度,理则在形之上,则有脱略形似,超越法度,
而见其为豪放者。东坡此语,乃跋吴道玄之人物画。画在唐代,
而发挥此等画理者则属宋人,此亦一种新意,可谓是时代观念之
变。而仍不害其于前时代为有所承袭也。

又曰：

> 世之工人，或能曲尽其形。而至于其理，非高人逸才不
> 能办。

求形与求理之高下，其背后又通于画家人品之衡评，则作画必先
贵其人品之意亦见矣。

董逌《广川画跋》亦曰：

> 大抵画以得其形似为难，而又以神明为胜。苟求其理，
> 物各有神明也。但未知求于此耳。

则知画家之主求理，非推翻求形以求理，乃是于求形之上更进一
层以求理也。赏画者不知赏作画者之心，作画者不知画所画物
之各有其神明，是皆不知求理，而其品斯下矣。

《画苑补益》张怀论画有曰：

> 造乎理者，能尽物之妙。昧乎理，则失物之真。惟画造
> 其理者，能因性之自然，究物之微妙。心会神融，默契动静，
> 察于一毫，投乎万象。昧于理者，心为绪使，性为物迁，汨于
> 尘坌，扰于利役，徒为笔墨之所使，安足以语天地之真哉。

物各有理，亦各有性，求物理即是求物性也。此论格物穷理，尽
性知天，乃几乎全似理学家言。

沈括《梦溪笔谈》有曰：

> 书画之妙，当以神会，难可以形器求。世之观画者，多能指摘其间形象位置彩色瑕疵而已。至于奥理冥造者，罕见其人。如彦远画评言，王维画物，多不问四时。如画花往往以桃杏芙蓉莲花同画一景。予家所藏摩诘画袁安卧雪图，有雪中芭蕉，此乃得心应手，意到便成，故造理入神，迥得天意，难可与俗人论也。

雪中有芭蕉，桃杏芙蓉莲花同入一景，自然无此事状，亦复违于物理，乃以谓之超理入神，此则言画家心中之神理，非言性理物理矣。摩诘宗于禅学，乃可有此。宋人作画，未必承袭。此乃理学时期与禅学时期之不同。存中未加细辨。盖存中虽在理学时代，亦不得为理学中人，故有此语。然要之画物即以画心，则唐代禅家已先有此意矣。

宋代人论画，重人品心胸，又深涉性理，乃亦知重日常人生之修养。郭思《林泉高致》载其父郭熙之言曰：

> 积惰气而强之者，其迹软懦而不决。积昏气而泪之者，其状黯猥而不爽，以轻心挑之者，其形脱略而不圆。以慢心忽之者，其体疏率而不齐。

惰气昏气，轻心慢心，从理学家口中说出，疑若为太重道德意味，不知艺术家固亦力戒此等也。郭思又自申其说，曰：

思乎昔见先子作一二图，有时委下不顾，动经一二十日，是意不欲，岂非所谓惰气者乎？又每乘兴得意而作，则万事俱忘。及事泪志扰，外物有一，则亦委而不顾，岂非所谓昏气者乎。凡落笔之日，必明窗净几，焚香左右，精笔妙墨，盥手涤砚，如见大宾。必神闲意定，然后为之，岂非所谓不敢以轻心挑之者乎？已莹之，又彻之。已增之，又润之。一之再之又复之，每一图，必重复终始，如戒严敌，然后毕，此岂非所谓不敢以慢心忽之者乎？

是则养其气，修其心，画家之日常修养，乃与理学家无二致。此又即欧阳永叔所谓闲和严静趣远之心也。此又可证时代同，则文学家艺术家理学家所言，亦自无不同。若必以绘画与理学与文学一一分别求之，则犹是皮相之见也。

韩拙《山水纯全集》有曰：

天之所赋于我者性，性之所资于人者学。能因其性之所悟，求其学之所资，未有不业精于已者也。古人以务学而开其性，今人以天性而耻于学。此所以去古逾远，而业逾不精也。顾恺之夏月登楼，家人罕见其面。风雨晦明，饥寒喜怒，皆不操笔。唐有王右丞，杜员外赠歌曰：十日画一水，五日画一石，能事不受相促逼。前人用此以为销日养神之术，今人反以之为图利劳心之苦。古之学者为己，今之学者为人。唐张彦远云：书画之术，非间阁之子可学。不精之由，良以此也。

内基于性,外资于学,务学以开其性,理学家之精修道德,与画家之沉潜于艺术者,同条共贯,事非有异。韩拙此条,言及顾恺之,今以属于玄学佛学时期,言及王摩诘,今以属于禅学时期,韩拙则已属于理学时期,即韩拙所论,可证变中自有不变。且其论,张彦远《历代名画记》中已先言之,曰:

> 宋朝顾骏之,常结构高楼以为画所。每登楼去梯,家人罕见。时景融朗,然后含毫。天地阴惨,则不操笔。今之画人,笔墨混于尘埃,丹青和其墨淬,徒污绢素,岂曰绘画。自古善画者,莫匪衣冠贵胄,逸士高人,振妙一时,传芳千祀,非间阎鄙贱之所能为也。

当知彦远此论,非辨社会贵贱,所重在日常人生之各异。唐符载《观张员外画松石序》亦曰:

> 观夫张公之势,非画也,直道也。当其有事,已知夫遗去机巧,意冥玄化,而物在灵府,不在耳目,故得于心而应于手。孤姿绝状,触毫而出,气交冲漠,与神为徒。若忖短长于隘度,算妍蚩于陋目,凝觚吮毫,依违良久,乃绘物之赘疣也,宁置于齿牙间哉。

观于此,则宋人论画所重人品心胸修养诸端,岂不昔人皆已及之。即如沈括神理之说,南朝宋人宗炳《画山水序》亦先言之,有曰:

夫以应目会心为理者，类之成巧，则目亦同应，心亦俱
会。应会感神，神超理得，虽复虚求幽岩，何以加焉。又神
本无端，栖形感类，理入影迹，诚能妙写，亦诚尽矣。于是闲
居理气，拂觞鸣琴，披图幽对，坐究四荒。不违天励之丛，独
应无人之野，峰岫峣嶷，云林森渺。圣贤暎于绝代，万趣融
其神思，余复何为哉，畅神而已。神之所畅，孰有先焉。

此所标曰神而理，而人品心胸修养诸端，亦靡不兼备。凡宋代人
之所论，求之前代，似乎罔不先有，然终不害其为宋人之新论，此
正见中国文化之深厚。注意其传统者，往往忽于时代之递变。
注意其时代者，又往往忽于传统之直承。两不相碍，斯得之矣。
　　宋人论人品心胸修养诸端，会合言之，主要在发挥绘画之背
后有画家其人之存在。而且画家其人之重要性，毋宁更重要过
于其画。故宋人论画又每言寄托。郭若虚《图画见闻志》又曰：

　　自古奇迹，多是轩冕才贤，岩穴上士，依仁游艺，探赜钩
深。高雅之情，一寄于画。

《铁网珊瑚》赵孟滢论画亦曰：

　　画谓之无声诗，乃贤哲寄兴。

此皆言画中有寄，所寄者即其人，即是画家之我也。米元晖自题
其《云山得意》卷谓：

世人知余喜画，竞欲得之，鲜有晓余所以为画者。非具顶门上慧眼者，不足以识。老境于世海中一毛发事，泊然无着染。每静室僧寮，忘怀万虑，与碧虚寥廓同其流荡。焚生事折腰为米，大非得已，此卷慎勿与人。

此跋言所以为画，虽不明显提出寄托字，而画中有寄托之意固已跃然言外。诗以有比兴为贵，画以有寄托为高。惟诗至初唐，陈子昂李太白已高谈比兴，而画至宋代，始有人提及寄托，文学艺术之新思潮，其出现容有前后参差，不足怪也。

此种绘画上之新观念，必然会影响其所画，此则待精鉴赏者之自加领会，非笔墨言辞所能宣。王维云：妙悟者不在多言，善学者还从规矩。就规矩言之，则自古如一。就妙悟言之，则事在言外。惟亦有其他事实具体可证者，一则为画上题款之革新。在先作画多不书款，更无题记。书款，亦仅在石隙树身，书以蝇头小楷，或竟书于背面。因其时，观念主要在画，不在作画之人，书款自不占重要地位。远至宋代，米芾苏轼文同遂开题识之端，其事至元而大盛。赵孟頫高克恭以及元四家，每画莫不有题识，或系跋，或题诗，以补画之不足。于是书画与诗之三者，合一浑成，俨若同体。此事实寓甚深意义，亦为一甚大之进展。

其次乃为梅兰竹菊四君子画，亦至宋而始备。南宋盛画梅竹，元人画竹尤盛，此四者，在传统观念下，皆以象征人之德性与品格，故称之曰君子。四君子画之盛行，亦为理学时期之绘画，要求道德艺术合流一特点。

明汤垕有曰：

> 画梅谓之写梅，画竹谓之写竹，画兰谓之写兰，何哉。盖花之至清，画者当以意写之，不在形似耳。

此谓画此诸物，不为其形状，乃为其德性。谓花之至清，乃谓此诸物德性之可贵，不以目视得，当以心意通。画者描画其形状，写者抒写我心意。而我之心意，则乃发自天性，通于物理，天人合一，心物合一，有妙理存焉。前引人品心胸性理修养寄托诸端，齐于此备。于是乃有写意画之新名辞。写意非不求形似，惟作画有更超于求形似之上者。清代郑燮喜画兰竹，其题画有曰：

> 写意二字误多少事。欺人瞒自己，再不求进，皆坐此病。必极工而后能写意，非不工而遂能写意也。

此评后人对写意二字之误解则是，至于前代人提倡写意二字之真义则殊未见阐明。故曰必极工而后能写意，则仍着眼在画之技巧上，其能事亦止于模古。不知宋明人注重写兰竹，乃是别有一番会心，别有一番用意，然后能别有一番境界。自花鸟写生进而至于兰竹写意，在中国绘画史上，此一进展，别有一番哲理，主要在画中之有我与无我。清代理学已衰，板桥自见不到此。

（四）

此下当再略引元明以下人论画语，以殿斯篇。

元代蒙古人主，社会大变，然理学传统，则仍因袭两宋。赵孟頫以宋代宗室,屈仕虏廷,无品节可言,故其论画,率主复古,斯乃逃遁隐藏,不得已而云然,其心可谅,其论无足取。论当时之画,必曰元四家。明陈衍《槎上老舌》有曰:

> 元逸人黄大痴,教人画法,最忌曰甜。甜者,秾郁而软熟之谓也。夫为俗为腐为板,凡人皆知之。甜则不但不之忌,且群然喜之矣。从大痴拈书,大是妙谛。

大痴号为经史九流无不通晓,而乃以画人终其身。其为《富春山居图》,后人拟之书法中之王右军《兰亭集序》。而其教人画法,却特地提出忌甜一语。果使大痴在当时,处世为人,亦具一品甜味,则尚何人品心胸修养可言。则只此一语,足可欣赏其为人,并进而欣赏其作画矣。

董其昌《容台集·画旨》有曰:

> 仇英赵子昂虽品格不同,皆习者之流,非以画为寄,以画为乐者也。寄乐于画,自黄公望始开此门庭。

以画为寄,以画为乐,非曰古人无之,而必谓是黄公望开此门庭者,此乃香光就后世人物言,而若公望之在元世,则见更以画为寄以画为乐之高趣。

倪瓒谓:

> 仆之所谓画,不过逸笔草草,不求形似,聊以自娱。

又曰：

> 余之竹，聊以写胸中逸气耳。

曰逸笔，曰逸气，特提出一逸字。惟逸者能摆脱牢笼，不受拘束。陈衍亦称大痴为逸人。唐朱景玄《唐朝名画录》，分神妙能三品，又有逸品，则在三品之外。宋黄休复《益州名画录》，始跻逸品于神妙能三品之上，后世遂莫能易。盖神妙能三品皆在画之中，惟逸品则有越出于画之外者。此非深探宋人画论，不能明其义。云林以逸自负，夫岂偶然。今论元四家，可即举大痴云林两人为例，亦可即举忌甜与能逸两语为例。若使其人甜而不逸，则不能在元代于艺术林中卓然有建树。

明人论画，主要当举董其昌之论文人画与南北分宗。其言曰：

> 文人之画，自王右丞始。其后董源巨然李成范宽为嫡子。李龙眠王晋卿米南宫及虎儿，皆从董巨得来。直至元四大家黄子久王叔明倪元镇吴仲圭，皆其正传。吾朝文沈，则又远接衣钵。若马夏及李唐刘松年，又是大李将军之派，非吾曹当学也。

又曰：

> 禅家有南北二宗，唐时始分。画之南北二宗，亦唐时分

也。但其人非南北耳。北宗则李思训父子着色山水，流传而为宋之赵幹赵伯驹伯骕以至马夏辈。南宗则王摩诘始用渲染，一变钩斫之法，其传为张璪荆关董巨郭忠恕米家父子，以至元之四大家。亦如六祖之后，有马驹云门临济儿孙之盛，而北宗微矣。

董氏在中国绘画史上划分宗派，持借禅家语而称之曰南宗北宗，非以地域分南北也。其谓南宗，即是文人画。其所谓文人者，亦如东坡言士人，邓椿言其为人也多文而已。此自张彦远郭若虚以来，早已在画人中作此分别，香光之分南北宗，亦不过承其意而稍变其辞耳。文人画则尤必以山水为宗。薛冈《天爵堂笔余》有曰：

> 画中惟山水，义理深远而意趣无穷。故文人之笔，山水常多。若文物禽虫花草，多出画工，虽至精妙，一览易尽。

此亦以文人与画工为分，惟论画而必言义理意趣，此亦自宋以下始然。又沈颢《画麈》有曰：

> 今人见画之简洁高逸者，曰士夫画也，以为无实诣。实诣指行家法耳。不知王维李成范宽米氏父子苏子瞻晁无咎李伯时辈，士夫也。无实诣乎，行家乎？

此亦分士夫与行家。惟必士夫而兼行家，乃始当得称文人画。

又李日华《六研斋二笔》有曰：

> 绘事不必求奇，不必循格，要在胸中实有吐出便是。

绘事若仅止于向外取形，今必曰要自胸中吐出，其论始于宋人，而非文人士人则无以语此，而画中有我之意，亦自此见矣。又如屠隆云：

> 人能以画寓意，胸中便生景象，笔端妙合天趣。若不以天生活泼为法，徒窃纸上形似，终为俗品。

以画寓意与胸中吐出乃异辞同意。岳正云：

> 在意不在象，在韵不在巧。巧则工，象则俗。

象即形似，韵即气韵。巧则画匠之技巧，意则画家之心胸。杜琼云：

> 绘画之事，胸中造化，吐露于笔端。

胸中造化，即朱晦翁半亩方塘一诗之所咏也。唐志契云：

> 立万象于胸怀，传千祀于毫翰。

必于画中寓意，有义理，有意趣，造化万象皆从胸中吐出，作画不尽于作画，画家不限是一画家，此始是技而进乎道，始是画艺不朽。外于此则是画工俗品，谈不上于人生中有不朽。凡诸所论，一一仍从两宋来，同为理学时期中之绘画观念。重人品，重心胸，重性理，重修养，画不仅止乎技，而必上进于道，大率如是。董香光南北宗派之分，殆亦以此为区别也。

清初有明遗民，其志节略类于元四家，多有逃入方外，而以画自遣者。今举道济苦瓜和尚《画语录》一则。其言曰：

> 古者，识之具也。化者，识其具而弗为也。识拘于似则不广，故君子惟借古以开今。有法必有化，一知其法，即工于化。夫画，天下变通之大法也。借笔墨以写天地万物而陶咏乎我。今人不明乎此，知有古而不知有我，我之为我，自有我在。古之须眉，不能生在我之面目。古之肺腑，不能安入我之腹肠。我自发我之肺腑，揭我之须眉，我于古何师而不化之有。

此则畅发画必出我之意。我在画中，而画中必有我，此即画之化也。若必求我画似某家，则是知古而不知我。于古得识，即是得其规矩，得其技巧。借古开今，乃是开其在我。今从道济看明遗民精神，确犹是元四家精神，亦即是宋代理学精神，却非山林方外禅悟精神，此处不可不辨。

同时有恽寿平论画，亦有妙诣。寿平推崇同时交友王翚，遂以山水画让之，而自画花卉。其言曰：

　　宋人谓能到古人不用心处写意,两语最微,而又最能深入。不知如何用心,方到古人不用心处。不知如何用意,乃为写意。今人用心在有笔墨处,古人用心在无笔墨处。傥能于笔墨不到处观古人用心,庶几拟议神明,进乎技矣。

其论写生有曰:

　　写生先敛浮气,待意思静专,然后落笔,方能洗脱尘俗,发新趣。

寿平之画,见称为不食人间烟火。上引论画语,亦可谓窥见宋明人之堂奥。然此皆在清初。满洲之统治中国,与蒙古不同。清代学术,固不与魏晋南北朝之玄学佛学,唐人之禅学相同,而宋明理学亦衰,亦不如两汉之经学。其学乃在博古一途。故论清代画家,夥颐沉沉,而大率模古仿旧,求一拔赵帜,立汉帜,继往开来,如道济之所谓借古开今,南田之所谓于古人不用心处发新趣者,要自渺然。清代学者,虽亦高自位置,然既乏干济,复缺性灵,徒于故纸堆中骋心力,故文学艺术皆见不振。语其优者,不过为前代之后劲,无可分庭抗礼者。绘画亦然,此亦治中国艺术史者所当知也。

　　晚清以来一百年,西学东渐。东西文化不同,社会人生又不同,斯艺术亦不同。观于彼方之新异,正可返认自己之本真。又当时代大变,正可推陈出新。而惜乎此百年来,政事翻覆,人心惶惑，学者不竞骛西方之新轨，即墨守清代之故辙。徒成一哄之市，未窥千古之秘。艺术界亦未能自外。求为中国艺术绘画史开新页，尚待后起之努力。纵笔至此，不胜惘然。

此文刊载于一九七三年台北故宫博物院
《图书季刊》七卷四期

出 版 说 明

　　《中国学术思想史论丛》三编八册,共 119 篇,汇集了作者从学六十余年来讨论中国历代学术思想而未收入各专著的单篇散论,为作者 1976—1979 年时自编。上编(一—二册)自上古至先秦,中编(三—四册)自两汉至隋唐五代,下编(五—八册)自两宋迄晚清民国。全书探源溯流,阐幽发微,颇多学术创辟,系统而真切地勾勒了中国几千年学术思想之脉络全景。

　　本书由台湾东大图书公司于 1976—1980 年陆续印行。三联简体字版以东大初版本为底本,基本保留作者行文原貌,只对书中所引文献名加书名号,并改正了少量误植之错讹。

三联书店编辑部
二零零九年三月

钱穆作品系列
（二十四种）

《孔子传》

本书综合司马迁以下各家考订所得，重为孔子作传。其最大宗旨，乃在孔子之为人，即其自述所谓"学不厌、教不倦"者，而以寻求孔子毕生为学之日进无疆、与其教育事业之博大深微为主要中心，而政治事业次之。故本书所采材料亦以《论语》为主。

《论语新解》

钱穆先生为文史大家，尤对孔子与儒家思想精研甚深甚切。本书乃汇集前人对《论语》的注疏、集解，力求融会贯通、"一以贯之"，再加上自己的理解予以重新阐释，实为阅读和研究《论语》之入门书和必读书。

《庄老通辨》

《老子》书之作者及成书年代，为历来中国思想学术界一大"悬案"。本书作者本着孟子所谓"求知其人，而追论其世"之意旨，梳理了道家思想乃至先秦思想史中各家各派之相互影响、传承与辩驳关系，言之成理、证据凿凿地推论出《老子》书应尚在《庄子》后。

《庄子纂笺》

本书为作者对古今上百家《庄子》注释的编辑汇要，"斟酌选择调和决夺，得一妥适之正解"，因此，非传统意义上的"集注"或"集释"，而是通过对历代注释的取舍体现了作者对《庄子》在"义理、考据、辞章"方面的理解。

《朱子学提纲》

钱穆先生于 1969 年撰成百万言巨著《朱子新学案》，"因念牵涉太广，篇幅过巨，于 70 年初夏特撰《提纲》一篇，撮述书中要旨，并推广及于全部中国学术史。上自孔子，下迄清末，二千五百年中之儒学流变，旁及百家众说之杂出，以见朱子学术承先启后之意义价值所在。"本书条理清晰、深入浅出，实为研究和阅读朱子学之入门。

《宋代理学三书随劄》

本书为作者对宋代理学三书——元代刘因所编《朱子四书集义精要》、周濂溪《通书》及朱熹、吕东莱编《近思录》——所做的读书劄记，以发挥理学家之共同要义为主，简明扼要地辨析了宋代理学对传统孔孟儒家思想的阐释、继承和发展。

《中国思想通俗讲话》

本书意在指出目前中国社会人人习用普遍流行的几许概念与名词——如道理、性命、德行、气运等的内在涵义、流变沿革，及其相互会通之点，并由此上溯全部中国思想史，描述出中国传统思想一大轮廓。

《现代中国学术论衡》

本书对近现代中国学术的新门类如宗教、哲学、科学、心理学、史学、考古学、教育学、政治学、社会学、文学、艺术、音乐等作了简要的概评，既从中西比照的角度，指出了"中国重和合会通，西方重分别独立"这一中西学术乃至思想文化之根本区别；又将各现代学术还诸旧传统，指出其本属相通及互有得失处，使见出"中西新旧有其异，亦有其同，仍可会通求之"。

《中国学术思想史论丛》

共三编八册，汇集了作者六十年来讨论中国历代学术思想而未收入各专著的单篇散论，为作者1976—79年时自编。上编（1—2册）自上古至先秦，中编（3—4册）自两汉至隋唐五代，下编（5—8册）自两宋迄晚清民国。全书探源溯流，阐幽发微，颇多学术创辟，系统而真切地勾勒了中国几千年学术思想之脉络全景。

《黄帝》

华夏文明的创始人：黄帝、尧舜禹汤、文武周公，他们的事迹虽茫昧不明，有关他们的传说却并非神话，其中充满着古人的基本精神。本书即是讲述他们的故事，虽非信史，然中国上古史真相，庶可于此诸故事中一窥究竟。

《秦汉史》

本书为作者于1931年所撰写之讲义，上自秦人一统之局，下至王莽之新政，为一尚未完编之断代史。作者秉其一贯高屋建瓴、融会贯通的史学要旨，深入浅出地梳理了秦汉两代的政治、经济、学术和文化，指呈了中国历史上这一辉煌时期的精要所在。

《国史新论》

本书作者"旨求通俗，义取综合"，从中国的社会文化演变、传统的政治教育制度等多个侧面，融古今、贯诸端，对中国几千年历史之特质、症结、演变及对当今社会现实的巨大影响，作了高屋建瓴、深入浅出的精彩剖析。

《古史地理论丛》

本书汇集考论古代历史地理的二十余篇文章。作者以通儒精神将地名学、史学、政治经济、人文及民族学融为一体，辨析异地同名的历史现象，探究古代部族迁徙之迹，进而说明中国历史上各地经济、政治、人文演进的古今变迁。

《中国历代政治得失》

本书分别就中国汉、唐、宋、明、清五代的政府组织、百官职权、考试监察、财政赋税、兵役义务等种种政治制度作了提要钩玄的概观与比照，叙述因革演变，指陈利害得失，实不失为一部简明的"中国政治制度史"。

《中国历史研究法》

本书从通史和文化史的总题及政治史、社会史、经济史、学术史、历史人物、历史地理等6个分题言简意赅地论述了中国历史研究的大意与方法。实为作者此后30年史学见解之本源所在，亦可视为作者对中国史学大纲要义的简要叙述。

《中国史学名著》

本书为一本简明的史学史著作，扼要介绍了从《尚书》到《文史通义》的数部中国史学名著。作者从学科史的角度，提纲挈领地勾勒了中国史学的发生、发展、特征和存在的问题，并从中西史学的比照中见出中国史学乃至中国思想和学术的精神与大义。

《中国史学发微》

本书汇集作者有关中国历史、史学和中国文化精神等方面的演讲与杂论，既对中国史学之本体、中国历史之精神，乃至中国文化要义、中国教育思想史等均做了高屋建瓴、体大思精的概论；又融会贯通地对中国史学中的"文与质"、中国历史人物、历史与人生等具体而微的方面做了细致而体贴的发疏。

《湖上闲思录》

充满闲思与玄想的哲学小品，分别就人类精神和文化领域诸多或具体或抽象的相对命题，如情与欲、理与气、善与恶等作了灵动、细腻而深刻的分析与阐发，从二元对立的视角思索了人类存在的基本问题。

《文化与教育》

本书乃汇集作者关于中国文化与教育诸问题的专论和演讲词而成，作者以其对中国文化精深闳大之体悟，揭示中西传统与路线之差异，指明中国文化现代转向之途径，并以教育实施之弊端及其改革为特别关心所在，寻求民族健康发育之正途。

《人生十论》

本书汇集了作者讨论人生问题的三次讲演，一为"人生十论"，一为"人生三步骤"，一为"中国人生哲学"。作者从中国传统文化入手，征诸当今潮流风气，探讨"心"、"我"、"自由"、"命"、"道"等终极问题，而不离人生日常态度，启发读者追溯本民族文化传统的根源，思考中国人在现代社会安身立命的根本。

《中国文学论丛》

作者为文史大家，其谈文学，多从文化思想入手，注重高屋建瓴、融会贯通。本书上起诗三百，下及近代新文学，有考订，有批评。会通读之，则见出中国一部文学演进史；而中国文学之特性，及各时代各体各家之高下得失之描述，亦见出作者之会心及评判标准。

《新亚遗铎》

1949 年钱穆南下香港创立新亚书院。本书汇集其主政新亚书院之十五年中对学生之讲演及文稿，鼓励青年立志，提倡为学、做人并重，讲述传统文化之精要，阐述大学教育之宗旨，体现其矢志不渝且终身实践的教育思想。

《晚学盲言》

本书是作者晚年"目盲不能视人"的情况下，由口诵耳听一字一句修改订定。终迄时已 92 岁高龄。全书分上、中、下三部，一为宇宙天地自然之部，次为政治社会人文之部，三为德性行为修养之部。虽篇各一义，而相贯相承，主旨为讨论中西方文化传统之异同。

《八十忆双亲　师友杂忆》

作者八十高龄后对双亲及师友等的回忆文字，情致款款，令人慨叹。读者不仅由此得见钱穆一生的求学、著述与为人，亦能略窥现代学术概貌之一斑。有心的读者更能从此书感受到 20 世纪"国家社会家庭风气人物思想学术一切之变"。